Pourquoi les HOMMES épousent les *chieuses*

Sherry ARGOV

Pour maman,
affectueusement.

Initialement publié aux Etats-Unis sous le titre *Why men marry bitches* par Simon and Schuster, Inc., New York.

Traduit de l'anglais (États-Unis) par Anne-Carole Grillot
Dessins de Jean-Loïc Belom
Secrétariat de rédaction : Vanessa Rigaud

ISBN : 2-35288-011-4
Code Hachette : 50 4640 4
Rayon : Développement personnel

Catalogues et manuscrits : www.city-editions.com

Dépôt légal : deuxième semestre 2006
Imprimé en France par France Quercy, Mercuès - N° 62185/

Pourquoi les HOMMES épousent les *chieuses*

Sherry ARGOV

Traduit de l'anglais (USA)
par Anne-Carole Grillot

Illustrations de BELOM

Comment gagner durablement
le cœur des hommes

City Editions

Sommaire

IV. Résistez aux tests infligés par les hommes

Pourquoi les hommes mettent les femmes à l'épreuve lorsqu'ils veulent savoir où elles en sont

V. Les cordons de la bourse

Pourquoi l'indépendance financière fait de vous une bonne épouse potentielle

VI. Pénétrez dans le monde des hommes

Secrets volés – tout ce dont les hommes ne parlent qu'entre eux

Remerciements

Tout d'abord, je remercie ma mère, Judy, car c'est encore pour qu'elle soit fière de moi que je me lève le matin. Sans sa sagesse, sa force et ses encouragements, en tant que mère et en tant que femme, je ne serais pas capable de faire ce que je fais.

J'aimerais également remercier l'éditrice Amanda Murray, l'esprit le plus brillant que j'aie jamais rencontré dans l'édition. Je remercie aussi Annie Orr, assistante éditoriale, avec qui il est très agréable de travailler ; David Rosenthal, de Simon & Schuster ; Marcella Berger, du service des droits étrangers ; Victoria Meyer, du service de presse ; et l'artiste Jackie Seow qui a conçu la couverture de ce livre. Je suis ravie que le concept des *chieuses* ait été ancré dans les mémoires par mon rouge à lèvres... Merci à Simon & Schuster pour son accueil chaleureux et pour m'avoir fait vivre cette merveilleuse expérience dans l'édition.

Je tiens à exprimer toute ma reconnaissance à Les Amponsah pour ses conseils juridiques autour d'un thé vert et pour ses encouragements en tant qu'amie. Je remercie en particulier Anthony Kornarens, spécialisé dans l'édition, pour avoir négocié mon contrat. Merci également à Paul Levine qui gère mes intérêts, et à Mitch Langberg, toujours disponible au téléphone. Ces avocats sont de véritables génies et m'ont été d'une aide inestimable dans les différents aspects de ma carrière.Je remercie aussi mes comptables, Ilana Roman et Ali Adawiya.

Bien sûr, je n'oublie pas les deux hommes de ma vie : mon cher fiancé et mon petit chat. Une affectueuse pensée pour toute ma famille, qui est formidable.

Je tiens à remercier mon vieil ami, l'acteur Rodney Allen Rippy. Merci d'avoir ce *troisième œil* de la comédie et de toujours écouter mes blagues.

Je remercie particulièrement mon amie Rita Starliper qui a conçu mon site Web. Merci également à tous mes autres amis qui m'ont donné leur avis sur mon travail : Beverly Rippy, Leslie Gordon, Giancarlo Di Pietro, Ted Hayes, Bonita Hornstein, Diana Shay, Danielle Hill, Nick Latimer, Gordon Gray et Doug Singer. Un grand merci à Boris Shekhter qui a eu la gentillesse de relire mon manuscrit et d'apporter un point de vue masculin. Merci à Devin Goodman pour son aide précieuse, et à Lori Plester et Dorreen Plester pour les torchons de cuisine *à tête d'élan*. Merci à Michelle De Nicola de bien vouloir surmonter son trac pour venir parler de son expérience de *chieuse* à la télévision – et félicitations pour son mariage.

Merci à Hélène Kuperman, qui a toujours une histoire intéressante à me raconter avec son accent du Sud.

Et merci surtout à Tamar Jacob, mon assistant, qui m'aide toujours à respecter les délais.

Enfin, je remercie tout particulièrement les femmes remarquables qui m'ont écrit et qui ont parlé de mes livres à leurs amies. Grâce à leur concours et à leur soutien, les cinquante-huit lettres négatives, les overdoses de café et les heures interminables de travail en ont vraiment valu la peine !

Sherry Argov

Introduction

Tout le monde connaît l'histoire du prince qui épouse une roturière ou du célibataire riche et beau qui aurait pu avoir n'importe quelle fille, mais tombe amoureux d'une femme ordinaire et difficile à vivre. À son mariage, cet homme semble être le plus heureux du monde, tandis que sa famille fait des remarques acerbes en se demandant : « Pourquoi elle ? » Les paris sont ouverts : « Est-ce pour sa cuisine ? Pour le sexe ? Lui a-t-elle fait un lavage de cerveau ? Que lui a-t-elle fait ? » Tout le monde meurt d'envie de tirer le marié par le bras et de lui demander de but en blanc : « Pourquoi épouses-tu une chieuse pareille ? »

Pourquoi les hommes épousent les chieuses n'est pas un simple manuel pour *se trouver un mari*. Loin de moi l'idée de vous laisser entendre que vous ne serez pas complète tant que vous n'aurez pas trouvé votre *moitié*. Au contraire, ce livre bouscule les conventions et vous aidera à comprendre pourquoi certaines relations ne progressent pas, grâce à une vision moderne de la façon dont un homme *choisit* son âme sœur.

Pour moi, une *chieuse* n'est pas une femme cruelle ou méchante. Tout au long de ce livre, comme dans le précédent, *Pourquoi les hommes adorent les chieuses*, j'utilise ce terme de façon ironique. C'est un clin d'œil satirique, ne le prenez pas trop au sérieux ! La *chieuse* est une femme forte, qui a une personnalité propre et sait parfaitement qui elle est. Elle n'hésite pas à laisser de *l'espace* à son partenaire, car elle apprécie d'en avoir elle aussi. Elle sait ce qu'elle est prête à accepter et ce qu'elle n'accepte pas. Au moindre manque de respect, elle disparaît, et cela la rend encore plus excitante aux yeux d'un homme. *C'est la femme qu'il rêve d'épouser.*

Nous connaissons toutes Cendrillon. Nous avons assisté à des mariages où les demoiselles d'honneur étaient toutes habillées de la même façon. Le photographe prend une photo d'elles autour de la mariée, qui fixe l'objectif d'un air ravi. Ensuite, celle-ci jette le bouquet et toutes les jeunes célibataires se battent pour l'attraper, tandis que le neveu prépubère au sourire d'acier d'un invité s'apprête à lui retirer sa jarretière. Voilà l'idée que les femmes se font du mariage.

Les hommes le savent. Ils voient que les femmes se comportent comme si le mariage était une fin en soi, et ils s'en souviennent. Cela ne fait que confirmer ce qu'ils ont toujours su : le mariage n'est pas nécessairement synonyme d'amour. Certains ont le sentiment que ce que les femmes aiment, c'est *le mariage* ou *ce que le mariage représente*. Ils ne sont là que pour remplir une fonction.

Tout cela influence leur comportement au début d'une relation. Ils évitent les situations dans lesquelles ils ont l'impression que leur partenaire a besoin d'eux pour être complète, car ils se disent qu'ils ne font que *remplir une fonction.* Pour eux, c'est un piège, car elle ne les aime pas pour ce qu'ils sont. En réalité, les hommes n'ont pas peur de s'engager. *Ils veulent être aimés et se marier, tout comme les femmes.*

Pour qu'un homme ait envie de se marier, il faut qu'il se dise : « Ce serait formidable d'être marié avec elle. » Et cela n'arrive jamais lorsque la femme, fidèle aux conventions, essaie de précipiter le mouvement : « J'ai besoin de savoir où on va. Je ne veux pas perdre mon temps. » Cela fait partie des choses que les femmes disent sans y penser. Elles veulent gagner du temps, mais elles ne se rendent pas compte qu'elles excluent leur partenaire. En faisant comme si l'engagement ou le mariage leur était dû, elles font fuir les hommes.

C'est pour cette raison que j'ai écrit ce livre.

Dans les différents chapitres, vous allez apprendre à modifier votre approche. Vous allez comprendre que les hommes doivent se demander pourquoi vous ne semblez pas vouloir vous marier à tout prix, contrairement à toutes les femmes qu'ils ont rencontrées. Si vous êtes différente, en ce sens que vous n'arrivez pas avec l'objectif de vous faire épouser, vous aurez plus de demandes en mariage que jamais.

Vous découvrirez aussi ce que les hommes se disent *réellement.* Ce que leurs actes signifient *réellement.* Ce à quoi ils s'attendent de votre part et ce que vous devez faire pour les surprendre. Vous apprendrez tout ce que les hommes savent, tout ce que les chieuses savent… et que les gentilles filles ignorent encore.

Ce livre n'est pas tant le fruit de ma simple opinion que des informations glanées au fil de centaines d'heures d'interviews, au cours desquelles de nombreux hommes se sont confiés en toute franchise. Ceux-ci n'ont pas hésité à dévoiler des secrets qu'ils sont généralement les seuls à connaître et à expliquer ce qui les pousse à tomber amoureux et à faire une demande en mariage.

Je voulais être sûre d'être fidèle à leurs propos. C'est pourquoi je leur ai même relu certains passages du livre avant que celui-ci ne soit imprimé, pour m'assurer d'avoir restitué le plus précisément possible ce qu'ils ressentent. Et la plupart m'ont dit : « Si les femmes étaient comme ça, nous serions davantage prêts à nous marier. Je suis ravi que vous le leur disiez. Mais n'utilisez pas mon véritable prénom… pour préserver ma vie privée ! »

Après la sortie de mon premier livre, j'ai entendu beaucoup de critiques dire : « Les femmes ne devraient jamais jouer au chat et à la souris. » En ce qui me concerne, je trouve cela très amusant, car cela implique que les hommes sont toujours compatissants, altruistes et honnêtes – et qu'ils ne jouent pas au chat et à la souris avec les femmes. En réalité, les hommes trichent et dissimulent de façon stratégique des informations cruciales pour avoir le beurre et l'argent du beurre. De la même façon qu'une jolie femme utilise son pouvoir de séduction pour obtenir des avantages, les hommes évoquent la possibilité du mariage pour faire marcher les femmes.

Montrer à un homme que vous êtes folle de lui est souvent le meilleur moyen de lui faire passer l'envie d'aller plus loin. Ce n'est pas non plus en fuyant que vous trouverez l'amour et l'attention dont vous avez besoin. Vous devez simplement continuer à mener votre propre vie, avoir vos propres objectifs et savoir ce que vous voulez.

Ce livre n'est pas uniquement destiné aux femmes qui rêvent d'être menées à l'autel. Il s'adresse aussi aux femmes mariées qui veulent mettre du beurre dans les épinards et même à celles qui préfèrent rester célibataires. Son seul objectif est de vous aider à ravir le cœur de votre partenaire pour vous donner les moyens de choisir l'issue qui *vous* convient.

Alors, retirez vos lunettes roses et jetez-les par la fenêtre. Il est temps de vous demander si votre partenaire est assez bien pour vous. Ne perdez jamais le contrôle de la situation et vous saurez *faire en sorte qu'il ne puisse plus vivre sans vous*.

Prenez un verre de vin, ou une tasse de thé. Enlevez vos chaussures et mettez les pieds sur la table basse, car nous allons avoir une conversation *sérieuse* entre filles. Et je vous avertis, ce livre n'est pas du genre : « Dorlotez l'enfant qui est en vous ! ».

Note : Tout au long de ce livre, les prénoms ont été modifiés pour préserver la vie privée des hommes qui se sont dévoilés… avec plus ou moins d'innocence.

I. Oubliez les conventions

Pourquoi les hommes aiment les femmes fortes

« Voici une des vérités fondamentales du mariage : c'est la femme qui commande. »

BILL COSBY

Conseils destinés aux gentilles filles

Imaginez que les rôles soient inversés. Les hommes font la cuisine pour les femmes, ramassent les chaussettes qui traînent et meurent d'envie de se marier. Votre petit ami a un trousseau comportant six nœuds papillons lavande qu'il demandera à ses garçons d'honneur de

porter le jour de son mariage. Il s'émeut à chaque fois qu'il passe devant un magasin de vêtements pour bébés. Il vous accueille à la porte en boxer de soie et en bottes de cow-boys, prêt à danser à la barre pour vous.

Et surtout, il vous lance des ultimatums :

« Où est mon alliance ? »
« Pourquoi ne veux-tu pas m'épouser ? »

Vous vous diriez probablement que quelque chose ne tourne pas rond chez lui. Et vous commenceriez à préparer votre fuite. « Cela n'a rien à voir avec toi, c'est moi. (Traduction : «c'est toi, en fait.») Je suis surmenée au bureau. Je t'aime, mais je ne suis pas amoureuse de toi. » Puis vous prendriez vos jambes à votre cou.

Aussi effrayant que cela puisse paraître, c'est précisément l'approche que l'on conseille aux femmes qui veulent trouver un mari. C'est le sort de la *gentille fille* qui place tous les autres avant elle, néglige ses propres besoins, et pense qu'elle n'arrive pas à la cheville de son partenaire.

Lorsque j'ai interrogé les hommes, ils ont tous dit que *les femmes ayant confiance en elles* étaient très rares. Et que c'était le genre de femmes qu'ils trouvaient le plus sexy… Il ne fait aucun doute que ces femmes sont rares. Regardez autour de vous !

N'importe quel magazine de mode incite les femmes à se conduire comme des servantes, comme si elles postulaient pour un emploi ouvrier. « Lui servez-vous des bières fraîches en lingerie coquine ? Faites-vous des plis impeccables sur ses chemises ? Portez-vous de la Cellophane pour lui ? Jardinez-vous en talons aiguilles ? Faites-vous l'amour en levrette, le cul en l'air, sur des échasses ? Oui ? Alors il s'agenouillera et vous demandera en mariage. »

Avec tout ça, les femmes ne font qu'apprendre à se conduire comme si elles étaient désespérées. En criant : « Épouse-moi ! Épouse-moi ! », elles étouffent la flamme du désir. C'est la nature qui veut ça. Est-ce que vous vous intéresseriez à un type qui vous a offert deux douzaines de roses la première fois que vous êtes allés boire un café ensemble et vous a déclaré qu'il était l'homme le plus chanceux de la planète au bout de cinq minutes ?

C'est comme si on disait à un enfant d'aller voir le caïd de l'école le jour de la rentrée pour lui dire : « Tiens, prends mon goûter ! Tu peux prendre mon ticket de cantine aussi. Je te donne même mon argent de poche puisque tu n'en as pas. » Ou comme si vous disiez, lors d'un premier rendez-vous : « Tiens, prends mon corps ! Je te donne tout. S'il te plaît, sois gentil ! S'il te plaît, épouse-moi ! Je me tiendrai même les fesses en l'air comme si on faisait au yoga. C'est si confortable d'avoir la tête en bas. *Vraiment*. J'adore ça ! »

Ce n'est pas parce qu'un homme couche avec vous qu'il fait des projets avec vous. Pour qu'il pense à l'avenir, il faut qu'il trouve *en vous* quelque chose qu'il respecte, comme l'intelligence… et une forte personnalité.

PRINCIPE RELATIONNEL N° 1

En amour, rien n'est plus séduisant pour un homme qu'une femme digne et fière de ce qu'elle est.

En outre, vous devez savoir ce que vous voulez. Plus vous vous investissez dans votre propre développement personnel, plus votre partenaire tentera de figurer en tête de vos priorités. Il ne fera de projets à long terme avec vous que si vous ajoutez un ingrédient essentiel : *le respect.*

Car seul le respect permet de tenir sur la durée.

Chloé illustre parfaitement la raison pour laquelle les femmes confiantes sont les plus appréciées. Très tôt, son fiancé a essayé de lui dire ce qu'elle devait porter. Elle partait à une réunion et il lui a dit de mettre une robe à la place de son tailleur-pantalon. Puis il a ajouté qu'elle était trop maquillée. La gentille fille serait immédiatement allée renouveler sa garde-robe. Mais Chloé l'a remis à sa place avec humour : « Écoute, Versace, ce tailleur a toujours été parfait. Et personne ne m'a jamais fait de remarques sur mon maquillage. Mais si tu veux, je te préviendrai à l'avance quand je porterai cette tenue. Comme ça, si tu ne veux pas me voir dedans, cela t'évitera de venir. »

Pour être vue différemment, vous devez *penser* différemment. Votre partenaire doit voir que vous savez mener votre barque et que vous n'avez besoin de personne pour savoir ce que vous avez à faire. Montrez que vous êtes bien dans votre peau. Le sentiment d'avoir besoin des autres et l'insécurité tuent l'amour. La chieuse ne passe pas une audition et n'essaie pas d'être *la meilleure candidate.*

Au lieu de demander « Où est mon alliance ? » ou « Pourquoi ne veux-tu pas m'épouser ? », elle se dit :

« Quel est l'intérêt de vivre avec ce type ? »
« Quelle image ai-je de moi
après avoir été en sa compagnie ? »
« Qu'est-ce que cette relation m'apporte ? »

Et alors, curieusement… *il meurt d'envie* de passer sa vie avec elle.

Kim Bassinger affirme, par exemple : « Je n'ai pas le temps d'être considérée comme difficile, et je n'ai pas le temps de m'attacher. » En général, les hommes sont à l'aise avec les femmes qui ne s'attachent pas trop, car ils n'aiment pas se sentir complètement responsables du bonheur de quelqu'un d'autre. Quand un homme voit que vous êtes heureuse avec lui, *mais aussi sans lui*, il ne veut plus vous lâcher.

Quand vous êtes heureuse, vous êtes sexy.

De plus, les chieuses profitent mieux de la vie. Mon amie Laura est sortie avec un type un vendredi soir – ils sont allés dans un restaurant chinois. Ils ont goûté à plusieurs plats et laissé beaucoup de restes. Laura les a donc fait mettre de côté pour les ramener chez elle. Le lendemain soir, elle avait rendez-vous avec un autre homme et elle a décidé de le recevoir chez elle. Elle a réchauffé les restes du restaurant chinois, *réorganisé* le tout sur un joli plat et servi ce somptueux repas à son invité. Ce fut un véritable succès.

Bien sûr, c'est très mal. Vous êtes censée suer sang et eau pendant trois heures dans votre cuisine. Cela dit, je m'en voudrais de ne pas vous donner un petit conseil strictement culinaire : ne gardez pas le persil (s'il ramollit au micro-ondes, il vous trahira) !

Chloé et Laura ont un point commun : elles ne ressentent pas le besoin de surcompenser. Elles ont donc gagné le respect de leur partenaire. Comment ? Elles devaient tout faire pour lui plaire, comme les conventions l'exigent, mais elles s'y sont refusées. Par leur comportement, elles ont montré ce qu'elles valaient. *Et les hommes ont été conquis.*

Dans un documentaire diffusé sur une chaîne musicale, Tim McGraw a dit quelque chose de très intéressant sur sa femme, Faith Hill : « Elle sait ce qu'elle veut, c'est sûr. Elle ne se laisse pas emm… par les autres. » Il n'a pas parlé de son talent, de son succès, de sa beauté, de sa célébrité, ni de tout ce qu'on a l'habitude de mettre en avant. Il a mentionné ce pour quoi les hommes ont le plus de respect : la personnalité.

Il est sûrement fier de sa femme lorsqu'il voit qu'elle n'encaisse pas tout sans rien dire.

PRINCIPE RELATIONNEL N° 2
Les hommes épousent les femmes qui ne s'aplatissent pas comme une carpette.

Autrement dit, les hommes épousent les chieuses – les femmes fortes, pleines de vie, qui savent se défendre.

La chieuse n'est ni grossière ni caustique, car elle est suffisamment intelligente pour savoir qu'il est plus efficace d'être agréable avec les autres. Mais elle ne se compromet pas pour une relation. Elle n'essaie pas de *trouver un mari* à tout prix.

Par conséquent, les hommes ne la considèrent pas comme une écervelée dont ils peuvent profiter. Elle du cran. Elle est sucré-salé… et pas toujours gentille – *exactement ce dont ils rêvent.*

Puisque beaucoup de *gentilles filles* croient encore que les hommes n'aiment pas les femmes fortes (c'est-à-dire les chieuses), explorons leurs critères ! Ensuite, nous découvririons ce que les hommes pensent *vraiment* des femmes célibataires qui adoptent cette attitude.

Mythe n° 1 : Vous devez être parfaite

Souvenez-vous du dernier homme dont vous êtes tombée follement amoureuse ! Il ne s'agissait sans doute pas d'un neurochirurgien millionnaire avec des tablettes de chocolat et monté comme un animal de basse-cour sous Viagra.

Il ne vous a pas envoyée cinq fois au septième ciel avant d'arriver lui-même à l'orgasme. Mais il avait quelque chose de spécial, des traits de caractère qui vous ont plu et un certain charme, qui vous a séduit.

PRINCIPE RELATIONNEL N° 3

Les hommes n'épousent pas les femmes parfaites. Ils épousent les femmes qu'ils trouvent intéressantes.

La perfection est l'un des plus grands mythes véhiculés par les médias. Si vous êtes parfaite, belle et riche, vous obtiendrez le respect et l'amour dont vous avez besoin. Redescendons sur terre !

En général, quand un homme rencontre une femme qui lui semble *trop* parfaite, *trop* douce ou *trop* agréable, il s'ennuie très rapidement.

Les concours de beauté illustrent bien la façon dont les femmes sont fourvoyées dans l'idée que le but ultime de la vie est de *trouver un mari* grâce aux conseils de beauté. Certes, ils permettent parfois de gagner des bourses d'études, ce qui est très ironique, car les seuls hommes qui les regardent sont les amateurs de femmes stupides. Les hommes intelligents trouvent embarrassant pour une femme de poser en souriant comme si elle était toujours au comble de la joie.

Tout le monde sait que les perdantes ont envie d'étrangler la gagnante et de crier au jury : « Allez vous faire f… espèces de garces ! » Mais elles font toutes semblant de vouloir rester vierges jusqu'au mariage et débordent de bonnes intentions humanitaires en faveur des pauvres :

> « J'ai l'intention de mettre un terme à la faim dans le monde et de trouver un remède au cancer. Mais je dois d'abord économiser l'argent que je gagne en faisant du baby-sitting pour pouvoir m'acheter un appartement. »
>
> « J'ai l'intention de nourrir ceux qui ont faim, les sans-abri, les chômeurs et autres personnes sans ressources. Ainsi, toute ma famille pourra manger à sa faim. »
>
> « Avant de me rendre dans les villages pauvres d'Afrique, j'ai décidé de me vernir les ongles des orteils. Prévenez la presse ! Je porterai mes nouveaux escarpins Manolo Blahnik à 1 000 euros ! »

Les concours de beauté, peut-être l'avez-vous déjà remarqué, ressemblent beaucoup aux foires agricoles. Les agriculteurs exhibent leurs vaches exactement de la même façon. Chacun fait monter sa vache de concours sur scène devant un public et un jury. Parfois, la vache fait même quelques tours sur elle-même. Ensuite, la gagnante est drapée d'un tissu de satin sur lequel sont indiqués le titre et l'année. Il existe même un concours mensuel destiné à distinguer *la vache du mois*.

Appliquons ce comportement de Barbie à un premier rendez-vous, pour comprendre pourquoi cela ne peut pas marcher. Imaginez l'une de ces femmes qui essaient d'être *parfaites*. Elle entre dans la pièce en marchant comme un mannequin. Son sac à main est assorti aux boucles de ses chaussures. Elle glousse bêtement. Au dîner, elle commande deux olives avec sauce allégée (à part). Sans s'en rendre compte, elle se classe déjà dans la catégorie *court terme*. Pour son partenaire, c'est le genre *on consomme et on jette*. Pourquoi ?

Après l'amour, il est satisfait et, à partir de là, la situation ne fait que se détériorer. Il commence à se demander qui elle est vraiment et pourquoi elle est si artificielle. Il s'imagine qu'elle lui fait du cinéma pour le piéger. Alors ça ne va pas plus loin. Parce qu'elle a essayé d'être ce qu'elle n'est pas, elle suscite une certaine insécurité. « Elle aura besoin d'une attention constante et rien de ce que je ferai ne sera jamais suffisant. Elle me sapera toute mon énergie. » Avant même d'avoir passé du temps avec elle, il pense déjà à la suivante.

De plus, lorsqu'un homme pense qu'une femme est faible et peu sûre d'elle, il ne voit pas l'intérêt de s'investir dans la relation. Celle-ci n'est qu'un divertissement pour lui, un prétexte pour se la couler douce. Il n'a plus qu'à s'ouvrir une bière en se disant : « Elle est si accro que je n'aurai jamais le moindre effort à faire. »

PRINCIPE RELATIONNEL N° 4

Lorsqu'une femme en fait trop, son partenaire la teste pour voir jusqu'où elle va aller. Il lui lance des défis pour voir tout ce qu'elle est prête à faire pour lui.

Les hommes ont l'habitude de ce genre de comportement. Et ils essaient de l'encourager. Si votre partenaire vous dit, au deuxième rendez-vous, qu'il aime le vernis à ongles rouge ou les petites robes noires, et si vous vous alignez immédiatement sur ce qui lui plaît, il aura moins de respect pour vous.

Pour bien comprendre, jetons un coup d'œil indiscret dans l'un des guides destinés aux hommes. Attention, information classée top secret !

Une page d'un guide *masculin*

Définition de la femme extrêmement sexy : « femme qui se suffit à elle-même et sait prendre soin d'elle. Elle ne me laisse pas toujours avoir le dernier mot. Elle peut envoyer paître les autres, car elle n'a pas besoin d'eux. »

Voilà le genre de femme dont les hommes rêvent. Si vous cherchez à obtenir l'approbation des autres, *vous perdrez leur respect*. Si votre partenaire voit que vous vous mettez en quatre dès le début, votre relation sera déséquilibrée. Cela le confortera dans la conviction inavouée de tous les hommes : « Si je l'ignore, elle cherchera mon approbation et mon soutien. » L'approbation deviendra sa *contribution*. Et votre propre besoin d'approbation vous aveuglera et vous rendra vulnérable. Adoptez une autre philosophie : « Approbation ni requise ni souhaitée ! »

De toute façon, il y aura toujours quelqu'un pour vous dire que vous n'êtes pas assez séduisante, pas assez parfaite ou pas assez riche. Alors, n'ayez confiance qu'en vous-même !

PRINCIPE RELATIONNEL N° 5

Ne croyez pas tout ce que l'on raconte sur vous !

Sophia Loren a dit très justement : « La beauté, c'est ce que l'on ressent à l'intérieur de soi. Elle se reflète dans nos yeux. Ce n'est pas quelque chose de physique. » Voilà ce qui vous rend belle aux yeux d'un homme de qualité. Il voit que vous êtes une personne complète et s'intéresse à vous, car il se demande d'où vient le charme que vous dégagez.

En quoi cela favorise-t-il les relations à long terme ? Si votre partenaire ne parvient pas à vous cerner immédiatement, à déceler vos points faibles, vous restez imprévisible.

Il ne peut pas avoir une emprise totale sur vous et doit apporter sa contribution pour vous plaire et développer avec vous une relation équilibrée et durable.

Mythe n° 2 : Vous devez être son jouet sexuel

Les hommes adorent raconter des histoires qui ressemblent à ce qu'ils viennent de lire dans un magazine pour hommes. À les écouter, leurs ex sont toujours des top models avec qui ils faisaient l'amour cinq fois par jour. Mais celles-ci sortent tout droit de leur imagination débordante.

Pour en avoir la preuve, il suffit de regarder la photo de leur dernière conquête. S'il est vrai qu'elle levait la jambe dix fois par jour, il y aura des signes visibles. Elle aura les cheveux en bataille, les chevilles collées en permanence derrière les oreilles, et elle sera si décharnée qu'on verra quelqu'un en train de lui jeter un sandwich.

Les femmes se trompent aussi sur ce que les hommes recherchent, en s'inspirant des magazines qu'ils lisent – les revues de charme, par exemple. Je ne sais pas si cela vous arrive souvent, mais, personnellement, je m'assois rarement les fesses à l'air sur une botte de foin au milieu d'un champ de blé pour regarder le coucher de soleil en me suçant un doigt. Qu'il neige ou qu'il vente, le mannequin se trouve toujours la tête en bas, avec une légende qui dit : « J'adore être nue. Cela me permet de me sentir plus proche de la nature. »

Ce à quoi s'ajoute le texte, toujours édifiant :

> « Ce qui l'excite : *les gâteaux fourrés à la crème, les esquimaux et les couchers de soleil.*
> La personne qui compte le plus dans sa vie : *son chiot.*
> Son sport préféré : *le kayak nue.*

Ce dont elle est le plus fière : *lacer ses deux chaussures en moins de cinq minutes.* »

Naturellement, les femmes se laissent influencer et se disent : « C'est comme ça que je dois me comporter. Si j'assure au lit et si je cuisine bien, il courra m'acheter une bague de fiançailles. » J'en doute. Quand un homme rentre à la maison après une dure journée de travail, la dernière chose dont il ait envie, c'est de trouver sa femme nue sur le perron en train d'arroser les tulipes une sucette à la bouche. Il se dirait : « Il lui manque vraiment une case. »

J'ai demandé à un homme si c'était vraiment ce qui faisait fantasmer ses semblables. Il voulait répondre à ma question, mais il ne pouvait pas s'arrêter de rire. Il a fini par me dire : « Pas du tout, car elle ne serait pas elle-même. »

Un homme intelligent et équilibré ne fait pas sa vie avec une femme qui ne semble pas avoir les pieds sur terre. Il n'épouse pas une femme-enfant, car il ne veut pas avoir l'impression d'avoir adopté une petite fille. Les hommes ne recherchent les femmes stupides que pour en profiter – à court terme.

Ils veulent épouser une femme intelligente et polyvalente, qui soit capable de s'en sortir en leur absence.

Cela ne signifie pas qu'ils ne se tordent pas le cou pour *regarder* les femmes très dénudées. Mais celles-ci ont l'étiquette *court terme* ou *relation purement sexuelle* collée aux fesses et ils ne vont jamais chercher plus loin.

PRINCIPE RELATIONNEL N° 6
Les hommes regardent la façon dont vous êtes habillée et en tirent des conclusions sur votre potentiel dans une relation.

Pierre, l'un des hommes que j'ai interrogés, a déclaré : « *Moins* elle en montre, *plus* une femme est séduisante. Cela donne envie de savoir ce qu'il y a au-dessous. Au lit, on n'a pas envie de se dire : "De toute façon, j'ai déjà vu tout ça." Il faut que le moment où elle se dévoile reste une surprise. Cela fait partie du jeu de séduction. »

Quand elles regardent des vêtements, les femmes voient des couleurs, des tissus et des styles. Mais que voient les hommes ? Un défi ou une fille facile. Ils fantasment sur les infirmières et les libraires, mais, face à une femme qui porte un jean et un pull, ils se disent : « Elle n'est pas servie sur un plateau. *Pour l'avoir, il faut s'en donner la peine.* »

Lorsqu'une femme se dévoile un peu, mais pas trop, ils en déduisent que les parties les plus sexy sont des *zones privilégiées.* Et ils ne l'apprécient que davantage.

L'histoire de Julien illustre bien la rapidité avec laquelle les hommes collent une étiquette à une femme. Julien a rencontré Carole au bureau et lui a demandé si elle avait envie d'aller boire un verre avec lui. Elle portait un chemisier en soie un peu transparent, mais pas trop. Ensuite, elle a couru se rafraîchir à la maison. Pensant l'impressionner, elle a enfilé un tee-shirt très décolleté s'arrêtant au-dessus de la taille et dévoilant un piercing au nombril. En grosses lettres sur la poitrine, on pouvait lire : « TOUT N'EST PAS PLAT EN BELGIQUE ». Julien avoue : « J'ai su tout de suite que ça n'irait pas loin. »

Lorsqu'un homme veut s'engager dans une relation sérieuse avec une femme, il préfère ne pas en voir trop en public et découvrir le reste dans l'intimité. Il préfère une chemise ajustée ou une robe d'été qui laisse deviner sa silhouette à un décolleté plongeant. Il est beaucoup plus fasciné par une jupe longue fendue sur le côté que par une minijupe qui dévoile complètement les jambes. Pourquoi ? Parce que le simple fait de ne pas savoir quand il entreverra la jambe à travers la jupe fendue attise son imagination.

Et c'est lorsque sa curiosité sera en éveil, lorsqu'il aura envie d'en savoir plus, qu'il commencera à se projeter dans l'avenir.

PRINCIPE RELATIONNEL N° 7

En général, lorsqu'un homme vous voit dans des vêtements très suggestifs, il en déduit que vous n'avez rien d'autre pour vous.

Une fois qu'il vous a réduite à une seule dimension, il en reste là. Il ne vous prendra jamais au sérieux et pensera qu'il est inutile d'envisager une relation à long terme avec vous. Les hommes veulent épouser une femme entière et pas uniquement un objet sexuel. Seulement, s'ils l'avouaient, ils ne coucheraient jamais.

D'après les médias, il n'y a rien de plus branché que d'inviter une copine à la maison pour faire ménage à trois. Rien de plus cool que de sortir sa tenue de collégienne effrontée ou de se frotter à une barre avec une perruque et des sous-vêtements en cuir. Certains centres de remise en forme proposent même des cours destinés à apprendre aux femmes à danser comme les stripteaseuses. Elles se mettent alors à se trémousser sur leur chaise et à ramper sur la moquette sur des musiques sulfureuses.

Si cela peut être drôle et changer agréablement de la routine, vous ne devez pas vous dire : « Oh oh, je ferai mieux de lui faire une danse contact si je veux le garder ! » (Donnez-vous une claque, avant que je ne le fasse moi-même.) Si vous avez recours au sexe pour attirer votre partenaire, il arrivera directement dans votre lit, mais il ne viendra pas vous apporter le petit déjeuner.

Avec qui vous imaginez-vous vivre à long terme ? Avec un chippendale qui se déhanche dans un string jaune fluo rempli de billets de banque ? Avec un top model plein aux as vêtu d'un costume trois-pièces ? Les hommes aussi veulent tout le bouquet. Ils rêvent d'une femme dont ils soient fiers et avec qui ils puissent se pelotonner devant un feu de cheminée.

Un homme de qualité n'épousera jamais une femme qui *se rabaisse.*

Mais je me rends compte que je n'ai pas employé un langage politiquement correct. Je n'aurais pas dû parler de *stripteaseuses*. Je confirme, avec tout le respect que je leur dois, qu'il s'agit de *danseuses exotiques*, qui gagnent honorablement leur vie pour financer leurs études de médecine. De même, le dealer de crack de mon quartier est un *pharmacien exotique*. Dès qu'il aura son master de pharmacie, il passera sans doute son doctorat de pharmacologie !

Souvenez-vous, si vous portez un string en strass qui dépasse de votre jean dès le premier rendez-vous et une minijupe qui pourrait faire office de haut au rayon enfants au deuxième rendez-vous, votre partenaire considérera que vous êtes tombée dans le domaine public ! « J'ai eu cette fille, mais cela ne prouve rien, car tout le monde peut l'avoir. »

De plus, les hommes sont très angoissés par le nombre d'amants que vous avez pu avoir avant eux, *surtout* s'ils pensent au mariage. Certains admettent même qu'ils s'en font une idée assez rapidement (tout ce qui dépasse ce qu'ils peuvent compter sur les doigts de la main est en trop). Et il n'en faut pas beaucoup pour que leur imagination s'emballe.

Par exemple, quand vous voyez un homme dans un vieux slip troué au niveau du bijou de famille gauche, vous vous dites qu'il n'a pas eu de femme dans sa vie pour lui acheter un nouveau stock de caleçons moulants.

En revanche, quand un homme vous voit dans une culotte sexy, mais dont l'élastique est un peu usé ou déchiré, il en déduit que vous vous êtes récemment adonnée à une partie de jambes en l'air. Idem pour le soutien-gorge transparent en dentelle noire que vous aviez l'intention de porter pour lui. S'il manque un crochet ou si ce crochet est tordu sur le côté (Dieu vous en préserve !), il pense immédiatement que ledit sous-vêtement vous a été violemment arraché une fois ou deux.

IL Y A PLEIN DE CHOSES À DÉCOUVRIR CHEZ VOUS !
...

PRINCIPE RELATIONNEL N° 8
Lorsque votre partenaire vous voit en tenue légère, cela ne lui rappelle pas à quel point vous êtes belle nue. Il pense tout de suite à tous les autres hommes avec qui vous avez couché.

Par conséquent, laissez tomber la lingerie cinq-pièces avec pressions à l'entrejambe, bas résille, latex, clous en métal et lanières en cuir. Cela vous donnerait le genre *femme de tout le monde.*

Ce que les hommes trouvent le plus sexy, c'est une femme portant l'une de leurs chemises avec une culotte sexy au-dessous. Là, il y a un petit côté *rien qu'à moi.* Avant d'aller au lit, vous pouvez aussi enfiler une nuisette en satin qui ressemble à ce que vous porteriez si vous étiez seule. Votre partenaire appréciera davantage vos ébats et aura plus d'estime pour vous.

Qu'ils le reconnaissent ou non, les plupart des hommes veulent avoir le sentiment de découvrir de nouveaux territoires, à l'instar de Marco Polo (votre rôle est de maintenir l'illusion le plus longtemps possible).

Mythe n° 3 : Vous devez être tout ce qu'il veut que vous soyez

C'est l'une des différences clés entre la chieuse et la gentille fille. Lorsqu'elle rencontre un homme, la gentille fille se comporte comme si elle était entrée dans une secte. Si le type est du genre grand spirituel végétarien, elle mange des baies en chantant une ode à la nature. S'il est italien, elle lui fait des lasagnes. S'il est juif, elle lui fait des bagels. S'il aime la moto, elle s'abonne à *Auto Moto*. S'il est écolo, elle embrasse les arbres et échange son 4 x 4 contre une voiture hybride.

C'est pourquoi, quand vous voyez un homme follement amoureux de sa femme, il s'agit généralement d'une femme qui a de la personnalité et ne se laisse pas influencer par les imbéciles.

Il y a de la lumière, il y a quelqu'un à l'intérieur… et c'est une chieuse.

Lorsque Michael J. Fox a rencontré sa femme, Tracy Pollan, ils tournaient ensemble un épisode de *Sacrée Génération*. Lors d'une pause-déjeuner, il lui a fait une remarque grossière à propos de son haleine. « Et toi, t'as pris des langoustines au déjeuner ou quoi ? » lui a-t-elle répondu. Elle l'a envoyé se faire voir et il a tourné les talons. « Dès cet instant, j'ai eu le béguin pour elle », se souvient-il.

Si Michael J. Fox est comme la plupart des hommes, ce qui l'a impressionné, c'est que Tracy ne s'est pas laissé rabaisser uniquement parce qu'elle avait affaire à un acteur célèbre. Elle l'a envoyé promener lorsqu'il a dépassé les limites. *Et cela lui a plu*. Mariés, ils ont désormais quatre enfants. Vingt ans plus tard, lorsqu'il est interviewé à la télévision, il dit toujours à quel point il la trouve belle.

Le respect de soi est un véritable choc pour un homme. Lorsque vous avez suffisamment confiance en vous pour exercer votre pouvoir et montrer à votre partenaire que vous n'avez pas peur de le perdre, c'est lui qui commence à avoir peur de vous perdre. « Ouh, elle n'est pas commode ! Ça, c'est une qualité ! Il va falloir que je me surveille pour me montrer sous mon meilleur jour si je veux la garder. » Et, d'un coup de baguette magique, la bière et la pizza se transforment en roses rouges et en champagne…

Prenons un exemple : Marc et Lydie sont très différents – l'eau et le vin. Il aime ce qui est raffiné. Elle adore Leader Price, un magasin où il ne voudrait pas être vu, même mort. « C'est là que les bouseux font leurs courses », explique-t-il. Lorsqu'elle se rend dans les magasins de discount, il attend dans la voiture, la tête baissée derrière le volant pour que personne ne le reconnaisse. Mais cela n'empêche pas Lydie d'y aller. Et lorsqu'elle cuisine des petits plats pour lui, elle ne manque pas de lui dire : « C'était bon, hein ? Tous les ingrédients venaient de Leader Price. » Il l'adore et ferait n'importe quoi pour elle.

Si votre partenaire s'intéresse vraiment à vous, il a envie de savoir ce que vous aimez. Voir qu'il peut vous faire plaisir le rassure. Tout ce que les hommes font, ils le font pour impressionner les femmes, que ce soit aller sur la lune, être une rock star ou conduire une belle voiture. Le Taj Mahal a été bâti pour une femme. Les jouets, les maisons, les costumes de super héros, tout cela a été conçu pour impressionner une femme. *Soyez cette femme* !

Quand votre partenaire vous demande ce que vous aimez manger, soyez honnête ! Vous avez tout intérêt à lui dire ce qui vous fait plaisir, car la satisfaction de pouvoir vous faire plaisir l'incite à *rester engagé dans la relation*.

À la question : « Qu'est-ce que tu aimes ? », la gentille fille fait l'erreur de répondre en haussant les épaules : « La même chose que toi. Tout me va… je ne suis pas difficile. » Elle pense être attentionnée, mais, en réalité, elle véhicule le message suivant : « Tout me va à partir du moment où je t'ai toi, même si tu ne me laisses que les miettes. »

Il faut détruire le mythe de la gentille fille et savoir que :

1. Les hommes n'aiment pas les femmes qui n'ont pas d'opinions

Imaginons qu'un type vous emmène voir un mauvais film et vous demande ensuite ce que vous en avez pensé. Si vous répondez : « Les effets spéciaux étaient formidables » alors qu'ils étaient pathétiques, il n'aura pas autant de respect pour vous que si vous dites : « Je suis contente que nous soyons sortis ensemble, mais j'ai trouvé le film complètement nul à cause de… »

Si votre partenaire sait que vous êtes franche avec lui et que vous ne bottez pas en touche, il vous considérera comme une candidate potentielle.

Pour un homme, une femme qui répond toujours : « Comme tu veux ! » dit en réalité : « Je n'ai pas suffisamment confiance en moi pour prendre des décisions. » C'est un des critères sur lesquels votre partenaire se base pour déterminer si vous êtes *une fille de passage* ou *la femme de sa vie*. Il ne veut pas d'une femme de Stepford ni d'une poupée articulée qui hoche la tête à tout instant.

2. Les hommes s'ennuient avec les femmes qui font toujours ce qu'on leur dit de faire

Beaucoup d'hommes que j'ai interrogés affirment que ce trait de caractère a été déterminant dans leur décision de se marier ou non. Un homme marié a déclaré : « J'ai connu plusieurs femmes avec qui je n'aurais pas pu me marier. Elles étaient toujours prêtes à tout laisser tomber pour faire ce que je leur demandais de faire. »

PRINCIPE RELATIONNEL N° 9

Tous les hommes savent qu'ils peuvent trouver une fille qui se contente de les satisfaire. Ils sont davantage séduits par une femme qui se soucie aussi de son propre plaisir.

Un homme de qualité recherche secrètement une femme qui soit aussi sa meilleure amie. Une partenaire avec laquelle il soit sur un pied d'égalité. Lors de mes interviews, j'ai été frappée par le nombre d'hommes qui m'ont parlé de *complicité émotionnelle.* L'un d'eux m'a particulièrement surprise en disant : « Les hommes veulent la même chose que les femmes. Quand on s'intéresse vraiment à une fille, on se demande quel genre d'épouse elle serait. Mais la plupart des hommes ne l'admettent pas, car ils ne veulent pas que leur partenaire sache qu'ils s'intéressent à elle *à ce point.* Il est plus facile d'exprimer un intérêt purement sexuel, car c'est ce que l'on considère comme viril. Mais au fond, les hommes recherchent aussi la complicité émotionnelle. »

De plus, en étant excessivement agréable, vous risquez de passer à côté de choses que vous devez savoir avant de vous engager dans une relation à long terme.

Et l'une des premières choses que vous devez savoir à propos d'un homme, c'est dans quelle mesure *il respecte vos opinions.*

PRINCIPE RELATIONNEL N° 10
Le respect de la personne passe par le respect de ses opinions. Si votre partenaire ne respecte pas vos opinions, il ne vous respectera pas.

Si vous faites tout pour plaire à votre partenaire ou si vous êtes trop agréable et trop passive, vous ne serez pas respectée.

Lors d'un rendez-vous, Jérôme a demandé Cynthia : « Qu'est-ce que tu fais de ton temps libre ? » Cynthia a répondu : « J'ai acheté une tondeuse à gazon autoportée. Le week-end dernier, j'ai tondu ma pelouse et je me suis bien amusée. » Ensuite, elle a décrit quelques autres activités. « Cela lui était égal que je puisse trouver ça stupide ou excentrique, se souvient Jérôme. C'est son truc et elle est comme ça. Le fait qu'elle en ait été fière m'a tout de suite plu. »

Jérôme ne trouve pas forcément cette activité intéressante. Mais il la respecte. C'est la raison pour laquelle on entend parfois des couples heureux dire : « On s'adore... bien que nous n'ayons absolument rien en commun. »

Toute personne qui vous dit d'être *différente* de ce que vous êtes vous étouffe. Il y a une sorte d'asservissement dans la volonté de mettre tout le monde dans le même moule.

Pensez à la scène culte d'*American Beauty.* À la fin du film, Angela, la belle pom-pom girl blonde, se dispute avec son amie Jane, moins branchée. À ce moment-là, Angela dit à Jane : « Au moins, je ne suis pas laide ! » Et le petit ami de Jane lui répond : « Si, tu l'es. Et tu es ennuyeuse. Et tu es tout à fait ordinaire, et tu le sais. »

C'est exactement l'inverse de que l'on apprend aux femmes. Et certaines n'ont pas la chance d'avoir un parent, un professeur ou un mentor qui les incite à développer leurs aptitudes propres et à croire en elles-mêmes. Elles reçoivent tous les jours des messages subliminaux qui les poussent à privilégier la chasse à l'homme. « Un jour, un homme vous verra et il prendra soin de vous. » C'est vrai. Il déroulera le tapis rouge, mais uniquement si *vous n'avez pas besoin de lui.* Autrement dit, si vous sortez avec lui parce qu'il est mignon et que vous avez du temps à tuer. Et pas parce qu'il est *le but suprême* de votre vie.

Si vous êtes épanouie, il ne subira aucune pression. Alors, ne négligez pas votre vie et continuez à poursuivre vos rêves ! En substance, c'est ce qu'ont dit tous les hommes que j'ai interrogés.

Une femme dont le monde se résume à son partenaire fait subir à celui-ci beaucoup de pression. « S'il fait ceci, dois-je faire cela ? S'il dit ceci, dois-je dire cela ? » Elle semble désespérée et obsédée par son but à partir du moment où elle cesse de donner son opinion et craint de dire : « Non, je ne veux pas faire ça » ou « Non, je ne veux pas aller là-bas ». Résultat : rupture assurée !

Ne vous êtes-vous jamais demandé pourquoi les hommes aiment les rousses ? C'est parce qu'elles n'ont pas peur d'être différentes. Les hommes aiment ce qui est différent, ce que les autres n'ont pas.

PRINCIPE RELATIONNEL N° 11

Mieux vaut ne pas être aimée pour ce que vous êtes qu'être aimée pour ce que vous n'êtes pas.

Dans *Closer,* Natalie Portman demande à Jude Law pourquoi il est si amoureux de la photographe, incarnée par Julia Roberts : « C'est parce que c'est quelqu'un qui a réussi ? » Et Jude Law répond : « Non, c'est parce qu'*elle n'a pas besoin de moi.* »

Pour mieux comprendre pourquoi les hommes aiment les femmes qui sortent de l'ordinaire, référons-nous encore une fois au guide masculin !

Une page d'un guide masculin

« Nous vivons dans un monde d'hommes et nous avons l'habitude de faire les choses à notre façon. Mais quand une femme fait les choses à sa façon, elle devient très intrigante. Même si cela nous perturbe un peu, cela nous inspire le respect. Soudain, nous voyons les choses sous un autre angle. Et nous passons tout notre temps à essayer de trouver un moyen d'entrer dans son monde. »

Alors, voyons comment vous devez vous y prendre pour le faire entrer dans votre… monde intrigant.

II. Laissez-le courir après vous jusqu'à ce que vous l'attrapiez

Comment le convaincre que l'idée de s'engager vient de lui

« Quand les femmes tournent mal,
les hommes filent droit.»

MAE WEST

La chieuse lui fait baisser sa garde

Vous ne pouvez pas attraper un homme au lasso et essayer de le dompter jusqu'à ce que vous obteniez un engagement de sa part. Tel un cheval sauvage, il partirait en courant pour vous échapper. Laissez tomber le lasso et tentez une autre approche ! En matière d'engagement, c'est lui qui doit se mettre la corde au cou. Tout ce que vous avez à faire, c'est être féminine, douce, charmante et d'agréable compagnie. Ensuite, jetez-lui la corde et laissez-le faire ! Il fera lui-même le nœud coulant.

Au fond, tous les hommes ont envie d'être des chevaliers servants. Ils veulent une femme qu'ils puissent chérir. De même que l'instinct de la femme est de plaire, celui de l'homme est de courtiser. Pour vous, votre partenaire veut être aussi ténébreux et mystérieux que James Dean dans *La Fureur de vivre*. Il veut vous éblouir avec son charme ravageur et vous faire tomber dans ses bras.

Mais attention… pas trop vite. Il veut vous séduire… *progressivement.*

PRINCIPE RELATIONNEL N° 12
Les hommes aiment être étonnés. Ils aiment avoir l'impression qu'il y a quelque chose d'autre que ce qu'ils savent déjà.

Marie est l'exemple parfait de la femme qui essaie d'accélérer le processus. Christophe voulait l'emmener au restaurant lors de leur deuxième rendez-vous, mais elle a insisté pour lui faire la cuisine. Lorsqu'il est arrivé chez elle, il a eu l'impression d'être dans un restaurant trois étoiles. En entrée, elle lui a servi du foie gras. Et lorsqu'il s'est penché pour prendre le sel, elle a commencé à s'excuser : « En général, je cuisine mieux que ça. » Elle en a trop fait… et trop vite.

Voici la réaction de Christophe : « Après le foie gras, j'ai su tout de suite qu'elle voulait la bague au doigt. Si elle m'avait fait une assiette de pâtes, j'aurais encore eu quelque chose à prouver. Quand je ne suis pas sûr de plaire, là, c'est un défi. »

Si vous montrez à votre partenaire que vous avez peur de ne pas être à la hauteur, il sait que vous êtes sous son emprise. Par conséquent, il ne développe pas le besoin irrésistible d'être auprès de vous qui lui serait nécessaire pour avoir envie de vous épouser.

Une fois que vous êtes accro à cent pour cent, vous n'avez plus rien d'attirant.

PRINCIPE RELATIONNEL N° 13
Pour un homme, le défi intellectuel ne consiste pas à coucher avec vous, mais à attirer et à retenir votre attention.

Un homme qui s'engage dans une nouvelle relation est comme un petit garçon qui ouvre un puzzle pour la première fois. Si, lorsqu'il ouvre la boîte, le puzzle est déjà fait, cela lui gâche tout le plaisir. En revanche, s'il doit réfléchir, imaginer et élaborer des stratégies pour rassembler toutes les pièces, il est stimulé. C'est un petit garçon aux anges.

Pour que votre partenaire ait envie de s'engager, vous avez tout intérêt à faire comme si vous ne teniez pas à le garder absolument. Le but n'est pas d'être froide, mais réservée. Car plus vous garderez vos distances, plus il se jettera dans la gueule du loup.

Montrez que vous êtes contente de le voir, mais *ne vous comportez pas comme sa compagne officielle* ! Si vous n'entrez pas dans ce rôle, il baissera sa garde et fera tout pour vous plaire.

Les hommes sont programmés pour préserver leur liberté. Ils soupçonnent toujours leurs partenaires de chercher à se marier à tout prix. Aussi, quand on leur parle d'engagement ou de mariage, ils luttent instinctivement pour leur liberté. Dès qu'ils entendent les mots *monogamie*, *enfant* ou *monospace*, ils tournent les talons. Pour eux, toutes les femmes cherchent une *proie* en vue de la capturer et de lui faire mener tout le reste de sa vie en captivité.

Ne vous êtes-vous jamais demandé pourquoi les hommes lisent les magazines féminins ? C'est pour espionner l'ennemi. Ils lisent tous les articles du genre : « Comment obtenir une demande en mariage bien qu'il ait couché avec votre petite sœur et votre cousine qui a les dents en avant ! » Il y a toujours une photo d'un type tournant le dos à une femme qui fait la moue dans un soutien-gorge à 90 euros. Alors ils se disent : « Toutes les femmes ont une idée derrière la tête. »

De plus, ce genre de presse féminine conseille aux femmes de *négocier* leurs relations. Que vous exigiez l'exclusivité dès le départ ou un engagement formel au bout d'an, les conventions veulent que vous jouiez cartes sur tables. Autrement dit, vous devez préciser à votre partenaire que vous recherchez une relation sérieuse (comme s'il ne le savait pas déjà !) et à passer rapidement à la vitesse supérieure.

D'après les soi-disant experts, cela vous évitera de perdre votre temps. Vous saurez immédiatement s'il *est prêt pour le mariage* ou non. Pas si vite. !

Les hommes redoutent les interrogatoires. Pour eux, c'est très mauvais signe. Voici à quoi ressemble la conversation de certaines femmes au restaurant ou sur l'oreiller dès les premiers mois :

L'INTERROGATOIRE

« Où en sommes-nous ?
Comment vois-tu l'avenir ?
As-tu peur de t'engager ?
Je cherche l'homme de ma vie.
Tu n'as pas envie de poser tes valises ?
Je ne veux pas perdre mon temps
dans une relation stérile.
J'aimerais avoir des enfants.
Tu te vois marié ? ou remarié ?
Je recherche la stabilité. Et toi ?
Mon horloge biologique tourne. »

Ces femmes pensent qu'elles abordent la question du mariage subtilement et qu'elles font avancer les choses. Mais les hommes comprennent immédiatement ce petit manège. Pour eux, c'est comme si un éleveur ouvrait la gueule d'une mule pour lui regarder les dents : « Bonne bête, je la prends. »

PRINCIPE RELATIONNEL N° 14

Dès l'instant où vous demandez à votre partenaire : « Qu'est-ce que je suis pour toi ? », vous perdez tout pouvoir, car vous l'autorisez à dicter les termes de votre relation.

Si vous lui posez cette question trop tôt, il se sent trompé, dupé et subtilement impliqué dans un projet qui n'est plus le sien. Sa réaction est immédiate :

- l'alarme sonne ;
- il remonte sa garde ;
- il commence à préparer sa fuite ;
- il ne le montre pas tant qu'il n'a pas couché avec vous.

Peut-être restera-t-il avec vous quelques mois, mais, si vous lui dites que vous ne voulez pas « perdre votre temps dans une relation stérile » ou que vous voulez vous marier dans l'année, il vous quittera à un moment ou à un autre.

C'est pourquoi il ne sert à rien d'être trop directe.

PRINCIPE RELATIONNEL N° 15
Quand un homme monte sa garde,
il ne peut pas tomber amoureux ni s'attacher.
Pour qu'il s'attache, vous devez d'abord
lui faire baisser sa garde.

C'est un peu comme les femmes en matière de sexe. Quand un homme vous drague dans un bar et se montre pressant, vous vous dites : « Ce n'est pas flatteur. Il est tellement obsédé qu'il coucherait avec tout ce qui porte une jupe. »

Ses intentions sont trop évidentes. Vous remontez immédiatement votre garde et vous ne voulez plus avoir affaire à lui.

Les hommes ont exactement la même approche en ce qui concerne l'engagement et le mariage. Ils ont l'impression que la plupart des femmes pourraient épouser un ancien détenu édenté à partir du moment où celui-ci ferait sa demande à genoux. Par conséquent, dès que vous évoquez le sujet du mariage ou semblez trop impatiente d'obtenir un engagement sérieux, votre partenaire se dit que vous avez élaboré un plan dont il ne fait pas nécessairement partie. Et il ne s'implique pas sur le long terme.

PRINCIPE RELATIONNEL N° 16

***Quand une femme précipite les choses, son partenaire en déduit qu'elle aime l'idée d'avoir une relation. Mais s'il parvient à la conquérir progressivement, il se dit qu'elle est amoureuse de* ce qu'il est.**

Un homme a autant envie d'occuper la place vide du mari que de mettre le pied dans un piège à ours. Il veut avoir le sentiment d'avoir gagné le cœur d'une fille qui n'est pas facile à conquérir. Et c'est impossible si cette fille montre qu'elle n'attendait que ça avant même de le rencontrer.

Gilles m'a raconté l'anecdote suivante : « Mon ancienne compagne m'a dit : “La plupart des hommes feraient n'importe quoi pour m'épouser. Et si tu ne m'épouses pas, je pourrais finir par épouser un de tes amis." C'est comme si un homme disait à une femme : "Si tu ne couches pas avec moi, je vais coucher avec une de tes copines." Les femmes disent ce genre de choses sur le mariage et n'ont aucune idée de la façon dont c'est perçu. »

En agissant ainsi, vous dévalorisez votre relation. Vous voulez que les choses aillent vite sans nécessairement rechercher la qualité. Par conséquent, votre partenaire a l'impression que n'importe qui ferait l'affaire. Or, toute personne a envie de se sentir unique.

En outre, ce n'est pas parce que vous adoptez le ton de la plaisanterie que vos objectifs sont moins clairs. Alice en est le parfait exemple. Vincent et elle étaient sortis ensemble plusieurs fois et, un soir, ils ont un peu trop bu. Elle lui a demandé sur le ton de la plaisanterie : « Toi et moi, c'est juste pour la baise ou tu as des sentiments pour moi ? » Par cette question, elle a montré qu'elle avait peu d'estime pour elle-même, sinon, elle ne l'aurait jamais posée.

Donc, règle numéro 1 : n'en dites pas trop ! Abordez votre partenaire d'une façon *différente* de ce à quoi il s'attend.

PRINCIPE RELATIONNEL N° 17
Ne prononcez pas le mot *engagement*.
C'est là toute l'astuce.
Moins vous en parlez,
plus vous avez de chances de l'obtenir.

En fait, quand vous parlez d'engagement, vous ne gagnez que quelques semaines ou quelques mois tout au plus. Ne parlez pas d'exclusivité ni de monogamie. Moins vous poserez de questions, plus votre partenaire se dévoilera. Négociez non verbalement à 95 % et verbalement à 5 %. Faites comme si vous étiez encore en train d'essayer de mieux le connaître, comme si vous n'attendiez aucun engagement de sa part.

Cela le désarmera. Il sera comme un guerrier sans plan de bataille, ne sachant pas où donner de la tête. Un homme peut facilement deviner les plans d'une gentille fille et remporter la victoire.

Mais, avec une chieuse, il a du mal à cerner son adversaire et ne sait pas à quoi s'attendre. C'est précisément ce qui lui donne envie de continuer… jusqu'à ce qu'il tombe entre ses mains.

Répétons la manœuvre ! Imaginez que vous ayez un rendez-vous. Vous êtes tous deux dans sa voiture et vous vous embrassez au clair de lune. Il essaie d'avancer ses pions et vous demande : « Comment est-ce que tu t'imagines dans cinq ans ? Tu te vois mariée ? » (Ce n'est pas que ça l'intéresse, mais il doit faire semblant d'envisager une *relation sérieuse* pour arriver à ses fins.). Vous répondez : « Oh, oui ! Je me vois mariée, avec deux enfants. Un garçon et une fille. » (Coupez !!! Mauvaise réponse. Réécrivons le scénario et rejouons cette scène !).

Vous devez mettre votre horloge biologique en veille. Lorsqu'un homme vous pose une question directe à propos du mariage ou des enfants, bottez en touche avec l'une des réponses suivantes :

> *« Mariée ? Moi ? Je suppose que si je rencontrais un homme qui me plaise vraiment j'y songerais. Mais il faudrait qu'il soit véritablement exceptionnel. »*
> *« Je n'ai jamais vraiment pensé au mariage. Cela dépendrait de la personne et des sentiments que nous aurions l'un pour l'autre. »*

Autrement dit, montrez-vous aussi enthousiaste que s'il venait de vous interroger sur la puissance de votre voiture !

Le but est de ne lui donner *aucune garantie*. Veillez également à placer son mot préféré : *plaisir*. Par exemple : « On est bien ensemble. On se fait plaisir. » Pour un cerveau masculin, *plaisir* signifie :

Pas de pression.
Pas d'attentes.
Pas d'exigences.

Au terme d'un rendez-vous, évitez de demander à votre partenaire : « Quand est-ce qu'on se reverra ? Tu m'appelles ? » Au contraire, soyez très féminine ! Souriez, embrassez-le, remerciez-le et dites-lui que vous avez passé une bonne soirée. Ne le laissez pas entrer chez vous.

N'oubliez pas le mot magique : *plaisir*. « J'ai eu beaucoup de plaisir à bavarder avec toi. » Ainsi, il saura que vous vivez le moment présent. Et en ce qui concerne l'avenir ? Oups, vous ne voyez jamais plus loin que le week-end prochain !

Pour une femme, cela peut sembler être un jeu cruel et même une véritable torture. Mais pour un homme, c'est l'utopie relationnelle, la réalisation d'un rêve. Soudain, il peut respirer, souffler un peu et se détendre. « C'est génial ! Je peux enfin me rapprocher d'une femme sans avoir peur qu'elle me coupe les ailes. » Vous devenez la femme rêvée dont il a toujours entendu parler, mais qu'il n'a jamais rencontrée. *Alors il baisse sa garde et tombe amoureux.*

Lors d'un rendez-vous, parlez de tout ce qui vous intéresse et pas uniquement de *l'avenir*, du mariage et des enfants.

En revanche, si vous ne voulez plus voir votre partenaire, pensez à lui parler de votre horloge biologique. Faites des *oh !* et des *ah !* à chaque fois que vous croisez un bébé dans une poussette. Dites-lui que vous voulez beaucoup d'enfants, que votre religion interdit l'usage de contraceptifs et que votre mère viendra vous aider à prendre soin de vos petits (C'est moins cher qu'une ordonnance restrictive et bien plus efficace.). Pour finir, achetez une carte et laissez-la sur le pas de sa porte avec un hochet et une peluche de Winnie l'Ourson après avoir écrit : « Je ne dors plus. Je ne mange plus. Je pense à toi constamment. J'ai hâte que nous commencions notre avenir ensemble. » Il s'enfuira à toutes jambes.

La chieuse le persuade que c'est lui qui obtient un engagement

Ne pas donner de garanties dès le départ, c'est une chose, mais ne pas savoir où vous en êtes au bout de deux ou trois mois, c'en est une autre. Continuez à jouer finement ! Il finira par se demander : « Pourquoi ne me met-elle pas la pression pour que je m'engage ? » Et, à un moment ou à un autre, il mettra le sujet sur le tapis. À ce moment-là, répondez :

> *« Tu me plais vraiment, mais je ne suis pas encore sûre. On apprend toujours à se connaître. »*

Sa réaction ne se fera pas attendre : « Tu n'es pas encore sûre ? Comment ça tu n'es pas encore sûre ? Je suis le plus intelligent, le plus beau, le plus tout ! » Il mettra automatiquement tout en œuvre pour vous conquérir. Pourquoi ? Pour vous prouver qu'il est à la hauteur. Et là, vous gagnerez sur tous les fronts. Non seulement il s'engagera…, mais vous l'aurez persuadé que *l'idée venait de lui.*

PRINCIPE RELATIONNEL N° 18

S'il n'a aucune garantie, il s'attache, craint de vous perdre à tout instant et commence à envisager une relation sérieuse.

Il redoute de vous voir courtisée par d'autres hommes. Il se pose des questions et c'est une bonne chose. Ne lui parlez jamais d'autres hommes directement. Dites simplement que vous n'êtes pas disponible de temps à autre, et son imagination se mettra en marche sur le champ.

Le problème, c'est que neuf femmes sur dix *assument le rôle de la compagne officielle au bout d'un mois ou deux.* Elles commencent par appeler leur partenaire le soir avant de se coucher. Ensuite, elles plient ses chaussettes et rangent son armoire. Ils passent leurs week-ends à des mariages et à des réunions de famille où ils donnent leur bain à des enfants. Et il finit par rater le football le dimanche à la télé.

Le changement est trop radical, trop rapide et trop facile. C'est comme s'il venait de se faire raser la tête en entrant dans l'armée. Il ne sait plus qui il est. Ce n'est plus *l'homme.* C'est Bambi à la merci d'un chasseur qui lui vise les bijoux de famille. Alors, il se sauve en courant… comme si on allait lui tirer dessus.

Souvenez-vous, vous avez envie de parler de l'avenir, mais pas lui ! Le désir de s'engager doit venir de lui. Sinon, il a l'impression de tomber dans un trou qu'il n'avait pas vu. Il sort faire une agréable petite promenade et… oups, il fait une chute de deux mètres. « Au secours ! Je suis tombé et je ne peux plus remonter ! » Il est pris au piège.

PRINCIPE RELATIONNEL N° 19

Il n'y a rien de plus valorisant pour un homme que d'obtenir quelque chose qui lui a demandé de la patience, du travail et des efforts.

Un homme a toujours l'esprit de compétition. Et, ironie du sort, tant qu'il ne vous a pas conquise, il pense qu'il domine la relation et qu'il tient les rennes. Pour lui, dominer, c'est conquérir la femme qui lui plaît. Être choisi par cette même femme, c'est être pris au piège, être émasculé. C'est pourquoi vous devez être *naïve comme un renard* et lui faire croire qu'il contrôle la situation.

COMMENT LUI FAIRE CROIRE QUE C'EST LUI LE GAGNANT (OU PRESQUE)

- Commencez par faire comme si vous n'étiez pas vraiment accro. Pour lui, cela signifiera que vous ne le trouvez *pas encore* « *merveilleux* ».

- Ensuite, encouragez-le un peu, mais pas trop ! Faites-lui quelques compliments stratégiques : « Tu es vraiment brillant ! » Là, il pense qu'il domine la relation et qu'il tient les rennes.

- N'oubliez pas de lui dire : « Ton avis compte beaucoup pour moi. Je peux te demander un conseil ? » Il passera une heure à vous démontrer sa virilité.

Interdiction de bâiller. Contentez-vous de commander un autre verre.

- Soyez affectueuse en public. Tenez-le par la taille lorsque vous faites la queue au cinéma. Tenez-vous près de lui lorsque vous sortez. Prenez-lui la main au restaurant. Posez votre main sur son genou lorsqu'il conduit, car là, il a les mains sur le volant ou le levier de vitesses. Mais n'en faites trop, juste ce qu'il faut ! Et essayez de retarder les relations sexuelles.

- Lorsqu'il commence à devenir plus entreprenant, évitez d'avoir une réaction torride. S'il vous passe la main sur les fesses ou vous tient à hauteur des seins, laissez-le vous peloter un peu, mais pas trop. Ensuite, dites-lui : « Laisse-moi venir à toi ! » Une femme qui prend l'initiative, c'est le fantasme de tous les hommes. Il sera patient, à condition de ne pas avoir l'impression de perdre son temps et de *voir la lumière au bout du tunnel.*

- S'il vous embrasse, ne dites pas : « Oui chéri, oh oui ! », sinon, il pensera que vous êtes prête à passer à la casserole. Gardez un peu de distance lorsqu'il fait les premiers pas, pour qu'il se demande ce que vous voulez exactement. *Laissez-le se poser des questions et réfléchir au meilleur moyen de vous plaire et de vous conquérir.*

- *Plus vous le laissez dans l'incertitude, plus il est aux petits soins pour vous et plus il s'attache à vous.*

- Couvrez. Laissez frémir et portez lentement à ébullition.

Quand un homme essaie de séduire une femme, il est dans le même état d'esprit que lorsqu'il joue aux machines à sous dans un casino.

Même s'il perd dix fois de suite, il est tenu en haleine et continue à se dire : « J'ai presque gagné. » Si toutefois il lui arrive d'avoir le sentiment de perdre, il vous suffit de le caresser dans le sens du poil. Demandez-lui de réparer quelque chose. Dites-lui qu'il a eu une idée géniale. S'il vous propose d'aller voir un film d'action avec courses-poursuites à n'en plus finir, refusez dans un premier temps et, vingt minutes plus tard, dites-lui que, finalement, ce n'est pas une mauvaise idée.

Il aura l'impression de dominer la situation – tant que vous lui laisserez croire qu'il n'a que de brillantes idées. Il vous offrira même une bague de fiançailles. Pourquoi ? Pour que les autres hommes la voient et se disent : « Je ne peux pas faire mieux. » Encore une fois, il sera le gagnant.

Cela faisait six mois qu'ils étaient ensemble lorsque Lise et Matthieu sont allés dans un restaurant italien très romantique. Avant que le dîner ne soit servi, Matthieu a dit à Lise : « Écoute, je ne me sens pas prêt à m'engager sérieusement. Et toi ? Tu veux te marier ? » Lise lui a répondu de façon exemplaire : « Oh, je ne peux pas ce soir. Ma robe est au pressing et il faut que je me lève tôt demain matin. Mais je suis très flattée. Merci d'y avoir pensé. » (Un an plus tard, il s'est levé de table pour raconter cette anecdote aux invités de leur mariage.).

Quand un homme ne sait pas ce que vous voulez, il a envie de s'engager, car il a l'opportunité d'être à l'origine de cet engagement. De même, il ne se demande pas si vous êtes amoureuse de lui ou de l'idée du mariage, ce qui est décisif dans sa volonté de s'engager.

C'est très important. Alors, revoyons ensemble les étapes typiques d'un début de relation pour *identifier les pièges à éviter absolument.*

POURQUOI LES HOMMES N'ONT PAS ENVIE DE S'ENGAGER

- Un homme rencontre une femme qui lui plaît beaucoup. Celle-ci a une attitude indépendante et légèrement insaisissable qui lui fait bonne impression :

« Elle n'a pas besoin de moi.
Elle m'apprécie pour *ce que je suis*.
J'ai envie de la connaître mieux. »

- Jusque là, tout va bien. Si elle commence à le tester pour connaître ses intentions ou à parler de l'avenir, il lui répond :

« Prenons le temps d'apprendre à nous connaître et nous verrons où cela nous mène. »
Ou : « Chaque chose en son temps. »

- Elle se sent rejetée et pose de plus en plus de questions pour obtenir des réponses qui la rassurent :

« Où cela nous mène-t-il ? »
« Comment envisages-tu notre avenir ? »
« Où en sommes-nous ? »

- (Faisons un arrêt sur image !). Si vous vous comportez de cette façon, vous n'obtiendrez pas le résultat que vous escomptez. Si votre partenaire suit son propre rythme, la question de l'engagement ou de l'exclusivité ne lui viendra à l'esprit qu'au bout de trois à six mois. Or, les femmes n'attendent pas aussi longtemps. Elles abordent le sujet au bout de deux à quatre semaines. Votre partenaire veut se sentir aimé *pour ce qu'il est* avant de s'engager et, d'après lui, au bout de quelques semaines, vous ne le connaissez pas encore suffisamment. Cela n'a rien à voir avec le besoin de fréquenter d'autres femmes ni avec une éventuelle *phobie de l'engagement*. Il veut avoir le sentiment que ce sont ses qualités qui vous ont séduite et que vous avez été conquise par son *charme* et son *esprit brillant*. En bref, il veut s'assurer que n'importe quel autre type ne ferait pas l'affaire. Par conséquent, faites comme si vous n'étiez encore sûre de rien. Il veut que vous preniez votre temps et que vous fassiez preuve de discernement. Il ne doit pas avoir l'impression d'être le premier venu.

- Si vous êtes trop pressée, il se dira :

« Elle est stressée et ne peut pas rester seule. Elle a besoin de combler un vide. »
« Je remplis une fonction. Je suis là uniquement pour qu'elle réalise son rêve. »
« Son désir d'avoir une relation sérieuse n'a rien à voir avec moi en tant que personne. »

- Et vous commencerez à entendre des excuses du genre :

« J'ai besoin d'espace. »
« En ce moment, je suis très pris par mon travail. Je ne peux pas m'engager dans ces circonstances. »
« Cela n'a rien à voir avec toi, c'est moi. Je suis tombé de vélo quand j'étais petit et mes problèmes d'enfance m'empêchent de m'engager. Mon thérapeute me dit que trop d'intimité compromettrait mon équilibre émotionnel. »
« Je ne suis pas prêt... pour le moment. Mais ce sera peut-être différent dans six ou neuf mois. Je suis sûr que tu parviendrais à me convaincre. (Il descend la fermeture Éclair de son pantalon.) C'est ça... oh... oui, c'est bon ! Ne t'arrête pas... »

Lorsque vous essayez de faire avancer les choses en faisant pression sur votre partenaire, celui-ci freine des quatre fers, que ce soit au bout de trois mois ou de trois ans. À chaque fois, vous devez faire comme si c'était *son* idée. Les hommes sont des prédateurs. Faites semblant d'être sa proie… jusqu'à ce que vous l'attrapiez.

Simon et Patricia se sont trouvés dans une situation qui arrive souvent au bout de six ou neuf mois. Ils étaient ensemble depuis près d'un an. Simon avait déjà été marié. Son ex-femme était sur le point de se remarier et de libérer leur ancienne maison. Il a confié à Patricia qu'il avait très envie de retourner dans cette belle maison. Un dimanche, il l'a emmenée la voir. À peine l'avaient-ils aperçue qu'elle s'est écriée : « Quand tu reviendras ici, je viendrai emménager avec toi ! »

C'est précisément ce qu'il espérait, mais cette réflexion lui a coupé l'herbe sous le pied. Il s'est dit que c'était à lui de prendre cette décision, pas à elle. Et il a eu envie de prendre ses distances.

PRINCIPE RELATIONNEL N° 20
Les hommes hésitent toujours à prendre ce qu'on leur sert sur un plateau.

C'est pour cette raison qu'ils flippent lorsqu'une femme laisse sa brosse à dents ou son sèche-cheveux chez eux – comme dans *Comment se faire larguer en dix leçons* ou dans *Sex and the City*, avec Carrie essayant constamment de *faire avancer les choses*. Pour eux, ces petits détails sont très révélateurs, même s'il s'agit à l'origine de gestes parfaitement innocents. Les hommes que j'ai interrogés m'ont affirmé qu'ils savaient lire entre les lignes.

Voici donc les écueils à éviter pour qu'il n'y ait pas de malentendus :

- ne présentez pas votre partenaire comme votre *compagnon*. Pour un homme, cela implique que vous êtes déjà dans le long terme. Or, vous devez donner l'impression que vous êtes encore indécise ;

- oubliez les yeux de biche. Vous trouvez ça romantique, mais lui, il se sent épié comme une proie, comme un lion observe une gazelle. Les lions se cachent dans les buissons et fixent leurs proies avant de les attaquer. C'est l'impression que vous donnez à votre partenaire lorsque vous lui faites les yeux doux trop tôt ;
- sur son répondeur, laissez des messages courts. Ne lui téléphonez pas pour ne rien dire : « Bonjour, mon cœur. Je t'appelais juste pour te dire que tu me manques. » Il se méfiera si vous êtes trop familière ou trop complice après seulement un ou deux rendez-vous : « Salut, c'est moi ! » ou « Tu reconnais ma voix. » Pourquoi ? Parce que vous faites comme si vous formiez déjà un couple. Lorsque vous laissez un message, indiquez votre nom et votre numéro de téléphone comme si c'était la première (et la dernière) fois que vous appeliez. Pour lui, c'est synonyme d'*inaccessible* ;
- ne lui donnez pas de photo de vous pour qu'il la mette sur son bureau. Et ne déchirez pas les photos de ses anciennes compagnes. Pour détruire toute trace de ses ex, attendez de vivre ensemble. À ce moment-là, toute précieuse relique disparaîtra mystérieusement ;
- ne lui posez pas de questions sur sa famille et ne lui présentez pas la vôtre *tant qu'il n'est pas prêt à s'engager*. Votre grand-mère lui donnerait le prénom de tous vos anciens mecs, lui rappellerait que « vous n'êtes pas tombée de la dernière pluie » et lui demanderait à quelle date le mariage est prévu – ça ne rate jamais ;
- ne grillez pas toutes vos cartouches dès les premiers mois. Vous ne l'aimez pas. Vous ne le

trouvez pas bon au lit. Vous aimez bien sa veste. C'est déjà pas mal ;

- évitez les mots comme *nous, notre, destinée, âme sœur* et tout ce qui peut avoir une connotation définitive. Laissez tomber les clichés du genre : « Nous étions faits l'un pour l'autre » ou « L'univers nous a réunis ». S'il n'a pas encore pris de décision, ces paroles lui flanqueront la frousse. Laissez-lui l'initiative de ces propos ;
- ne lui parlez pas de vos séances de thérapie, de vos antidépresseurs ni de vos problèmes d'enfance. Et encore moins de votre groupe de soutien pour l'incontinence ;
- n'essayez pas d'être Mary Poppins ni de lui montrer que vous êtes digne de confiance. Ne lui parlez pas de votre dévouement pour les plus démunis, les orphelins et les personnes âgées. Ne lui dites pas : « Je ne mens jamais », car il saura que vous venez de lui mentir pour la première fois ;
- n'essayez pas de réorganiser son appartement pour être plus à l'aise lorsque vous lui rendez visite. Sinon, il aurait l'impression que vous emménagez chez lui. Oubliez vos grands principes de feng shui et laissez-le vivre dans son dépotoir. *Pensez en chieuse* ! Laissez son appartement dans un état minable ; ainsi, lorsqu'il vient chez vous, il a l'impression d'être au Ritz ;
- ne lui achetez pas de serviettes ni de draps. Vous n'êtes pas sa femme. Si vous lui faites un cadeau, offrez-lui quelque chose de moins intime, comme un panier pour son chien. En revanche, dès que vous emménagez ensemble, liquidez toutes ses cochonneries au premier vide-grenier ;

- s'il vous présente comme sa *compagne,* ne souriez pas avec jubilation en signe de victoire. Lancez-lui un regard coquin en lui disant : « C'est vrai ce mensonge ? »

PRINCIPE RELATIONNEL N° 21

Ne soyez ni directe, ni prévisible, ni disponible. Ne montrez pas que vous avez déjà jeté votre dévolu sur lui.

Comme les femmes, les hommes recherchent l'amour dans une relation exclusive. Mais ils ne veulent pas qu'on la leur impose. Ils veulent *avoir le choix.* Moins vous essayez de vous vendre, plus vous semblez avoir d'assurance. *Tout l'art de la séduction réside dans l'apparence de la désinvolture.* Détendez-vous, sortez, prenez du bon temps et votre partenaire viendra jusqu'à vous. Montrez par votre attitude que *vous croyez en vous.*

Votre partenaire en déduira que *vous êtes bien dans votre peau* et que *vous êtes prête pour vivre à deux.*

La chieuse est insaisissable

Quand votre partenaire et vous commencez à devenir intimes, ne le tenez pas au courant de tous vos faits et gestes. Il ne doit pas avoir le sentiment de pouvoir vous joindre tous les jours à la même heure. Le soir, ne le laissez pas vous déranger. S'il vous appelle alors que vous dormiez déjà, ne répondez pas vingt minutes plus tard.

Pendant la journée, ne le laissez pas vous mettre une *corde électronique* autour du cou vingt-quatre heures sur vingt-quatre et sept jours sur sept. Sinon, votre relation tombera rapidement dans une routine monotone.

Il se dira : « Bon, celle-là, je la tiens. Je me la mets de côté et je continue à prospecter. »

PRINCIPE RELATIONNEL N° 22

Essayez de connaître ses habitudes sans rien dévoiler des vôtres.

De même, ne lui donnez pas l'impression de devoir pointer. Beaucoup de femmes essaient de suivre leur partenaire à la trace et lui créent des obligations aussi inutiles que pesantes. Si vous fixez un système de repérage GPS à la cheville de votre partenaire pour connaître en permanence sa longitude et sa latitude, celui-ci remontera sa garde. Et l'accès à son cœur vous sera refusé.

Ne lui laissez pas croire que vous attendez ses coups de fil et que votre bonheur en dépend. Par exemple, Laurence était chez elle lorsque Thierry l'a appelée. Ils ont discuté un peu et Thierry lui a demandé : « Qu'est-ce que tu fais ce soir ? » La plupart des femmes auraient fait l'erreur de lui répondre : « Oh, rien. Je vais juste bavarder un peu avec toi. » Et il se serait dit : « Il n'en faut pas beaucoup pour la contenter. » Mais Laurence a répondu : « Je vais prendre un bain moussant en écoutant mon nouveau CD et ensuite je vais regarder un film. Je suis impatiente. »

PRINCIPE RELATIONNEL N° 23

Les hommes adorent avoir l'impression de vous voler du temps que vous auriez pu consacrer à autre chose.

Ce n'est pas tant la fréquence à laquelle vous téléphonez à votre partenaire qui compte que votre attitude lorsque vous lui parlez. Lorsqu'il vous téléphone…

1. POSEZ TOUJOURS DES QUESTIONS POSITIVES :

« Salut, tu as passé une bonne journée ? »
« Comment ça va ? »

Traduction : « Donne-moi de bonnes nouvelles, mon chou ! »

2. ÉVITEZ DE POSER DES QUESTIONS INQUISITRICES COMME SI VOUS ÉTIEZ UN CHASSEUR DE PRIMES ESSAYANT DE COINCER UN FUGITIF :

« Où es-tu allé en sortant du bureau ? »
« Tu m'as pas dit où tu étais. J'étais inquiète. »
« Pourquoi tu ne m'as pas appelée ? »
« Ton portable a sonné,
puis je suis tombée sur la messagerie.
Pourquoi tu n'as pas répondu ?
Pourquoi était-il en position vibreur ? »

Traduction : « Donne-moi de mauvaises nouvelles, sale menteur, espèce de salaud ! »

Vous voyez la différence ? Si vous avez des attentes, si vous êtes contrariée lorsqu'il ne vous appelle pas, il fera tout pour vous échapper. Mais si vous êtes heureuse et de bonne humeur, il continuera à baisser sa garder jusqu'à ce qu'il soit profondément attaché à vous.

Si vous *évitez d'être intrusive*, il viendra à vous. *C'est votre meilleur atout* – avant le sexe et la beauté.

PRINCIPE RELATIONNEL N° 24

Lorsqu'une femme montre à un homme qu'elle a confiance en lui, celui-ci se sent fort et apprécié. Cela lui donne envie d'être à la hauteur et de faire le maximum pour elle.

Votre partenaire a besoin de sentir que vous avez confiance en lui. Cela le rassure et lui donne envie d'être digne de cette confiance. « Je ne suis pas en train de perdre mon temps. Ce que je fais en vaut la peine. » Il a encore plus envie de vous protéger.

Beaucoup de femmes se demandent comment faire pour que leur partenaire les appelle davantage et pour qu'il appelle quand il a dit qu'il le ferait. Mais au lieu d'attendre le changement, vous pouvez le provoquer vous-même, comme l'a fait Manon.

Elle avait l'habitude de recevoir un coup de fil de Nicolas tous les soirs. Il montait dans sa voiture en sortant du bureau, à 18 heures, et lui téléphonait pendant qu'il était coincé dans les embouteillages. Elle a commencé à trouver cette routine pesante. Tout cela était un peu trop convenu. Mais, au lieu de lui demander de changer, elle a provoqué elle-même un changement. Elle a tout simplement arrêté de répondre au téléphone à 18 heures.

Si votre partenaire à l'habitude de vous téléphoner à 18 heures, le jour où il ne parvient pas à vous joindre, il vous rappelle à 19 heures, à 20 heures ou jusqu'à ce que vous répondiez. Et un coup de fil ennuyeux se transforme soudain en un événement palpitant. Les hommes aiment se poser des questions et être intrigués par les femmes (ne les privez pas de ce bonheur !).

Si vous avez dit à votre partenaire que vous lui téléphoneriez à un moment précis pour une raison ou pour une autre, vous devez tenir votre promesse. Mais, en ce qui concerne les appels de tous les jours, ne vous laissez pas enfermer dans la routine.

Voici quelques conseils pour obtenir ce que vous voulez sans avoir à le demander ni à vous expliquer.

SITUATION	RÉACTION CONSEILLÉE
Il attend plusieurs heures avant de vous rappeler.	Attendez plusieurs heures avant de répondre. Donnant-donnant. Votre relation restera équilibrée.
Il ne cesse de vous appeler pour repousser votre rendez-vous.	La première fois, acceptez. S'il repousse encore une fois, laissez tomber poliment. Dites-lui de faire ce qu'il a à faire et proposez-lui de le voir un autre jour.
Il vous appelle beaucoup plus tard que prévu.	Laissez le répondeur. Il suffit qu'il ne parvienne pas à vous joindre une ou deux fois pour qu'il vous demande : « Tu es fâchée ? J'ai eu peur que tu sois fâchée. » Réponse : « Pas du tout. J'ai été très occupée. »

Il vous appelle à 21 heures pour vous voir à 22 heures.	Dites-lui que vous voulez vous coucher tôt. Cela lui apprendra à prévoir vos rendez-vous plus tôt et à vous prévenir à l'avance.
Il vous appelle après 22 heures ou à une heure à laquelle vous êtes habituellement couchée.	Attendez votre prochain rendez-vous et dites-lui poliment de ne pas vous appeler après 22 heures. Il verra que vous pouvez vivre sans avoir de ses nouvelles et que vous ne vous demandez pas ce qu'il fait de ses soirées.
Il veut vous voir une ou deux heures ou juste assez longtemps pour coucher avec vous.	Dites-lui que vous n'êtes pas du genre *cinq à sept* et proposez-lui un autre soir, où vous aurez tous deux davantage de temps.
Il ne vous téléphone pas lorsqu'il est en déplacement.	Il ne parviendra pas à vous joindre à son retour.
Il est de mauvaise humeur et vous ne passez pas un bon moment.	Embrassez-le sur la joue, dites-lui que vous devez vous lever tôt le lendemain et rentrez chez vous.
Quelle que soit la fréquence à laquelle il vous appelle ou veut vous voir…	Ne lui consacrez pas 100 % de votre temps.

Si, après avoir rencontré un homme, vous avez envie qu'il vous rappelle, dites-lui : « Je suis joignable entre 19 heures et 21 heures. » Ne lui donnez pas l'impression que vous allez attendre son coup de fil toute la nuit. Si vous ne vous mettez pas à sa disposition, il vous respectera davantage. Pour lui, ce sera synonyme de : « Oui, tu me plais beaucoup. Mais si tu me manques de respect, je te jetterai comme une vieille chaussette. »

PRINCIPE RELATIONNEL N° 25
Les hommes aiment les règles et les directives. S'il y a quelque chose que vous n'aimez pas, ils apprécient que vous le disiez. Ils veulent savoir ce qu'ils doivent faire et ne pas faire.

Montrez à votre partenaire que vous avez une vie et que, s'il veut une place, il va devoir s'intégrer dans votre univers. Les hommes adorent ce genre de défis.

Ce comportement pimente aussi la vie de couple. Béatrice, une de mes amies, s'est mariée récemment à un Australien. Tous les ans, celui-ci va rendre visite à ses parents. La dernière fois que j'ai rejoint Béatrice au restaurant, elle était au téléphone avec son mari, lui-même en Australie, et lui disait qu'elle allait aller au cinéma. Après avoir raccroché, elle m'a dit en riant : « Il m'appelle trois fois par jour pour savoir ce que je fais. Il s'assure que je ne fais pas de bêtises ! » Et elle, est-ce qu'elle l'appelle en Australie ? Absolument pas !

N'avez-vous jamais remarqué que les hommes adorent vous distraire lorsque vous êtes au téléphone ? C'est là qu'ils vous embrassent dans le cou et font tout pour vous déconcentrer. Il n'y a rien de plus captivant pour un homme qu'une femme qui ne fait pas attention à lui.

Être inaccessible ou indépendante n'est pas une simple question de distance ou de proximité physique. Cela dépend de l'espace que vous accordez à votre partenaire. Vous pouvez vivre dans votre propre appartement et être tout à fait prévisible ou bien vivre en couple et rester très mystérieuse.

Lucie, qui vit avec son compagnon, se sentait délaissée lorsqu'il regardait la télévision sur le sofa. Après lui avoir dit plusieurs fois, elle a fait la même chose que lui. Elle s'est couchée avec un bon livre. Au bout de la troisième nuit, il a éteint la télévision relativement tôt et s'est mis au lit dans l'espoir de faire un câlin. Elle n'a pas posé son livre immédiatement. Comme on pouvait s'y attendre, il s'est mis à la taquiner comme un enfant pour attirer son attention.

PRINCIPE RELATIONNEL N° 26
Les hommes aiment savoir qu'une partie de vous reste inaccessible.

Michèle, une de mes amies, m'a raconté qu'à chaque fois que son mari l'ignore elle va à la salle de bains et se maquille de façon très glamour. Ensuite, elle enfile une belle tenue et se vaporise un peu de parfum. Son mari réagit immédiatement : « Où vas-tu habillée comme ça ? » Et elle lui répond : « Je vais rejoindre Sylvie au pub. Nous allons dans une nouvelle discothèque. » Ou bien : « Je vais faire des courses. » Après quoi, il demande : « Habillée comme ça ? »

Lorsqu'il la néglige, le mari de Michèle s'en rend toujours compte. Alors, il craint qu'elle n'aille chercher de l'attention ailleurs. Et ça ne rate jamais. Parfois, il parvient à la convaincre de ne pas sortir ou, lorsqu'elle rentre, elle trouve un bouquet de fleurs sur la table du salon.

PRINCIPE RELATIONNEL N° 27

Si vous êtes sur votre trente et un lorsque vous rentrez à la maison, votre partenaire en tire des conclusions sur la façon dont vous avez passé votre soirée et commence à se poser des questions.

Certaines femmes interprètent mal le cliché selon lequel « les hommes veulent toujours ce qu'ils ne peuvent pas avoir ». Elles pensent que cela les oblige à passer d'un homme à un autre. Faux. Votre partenaire ne veut pas être en compétition avec d'autres hommes. Il veut *gagner* de l'attention et joue contre tous les autres centres d'intérêt que vous pouvez avoir.

Mon amie Hélène, qui est agent immobilier, s'est fiancée récemment. Son fiancé l'a appelée pour lui dire de le rejoindre au pub à 18 heures. Elle lui a répondu qu'elle ne pouvait pas car elle devait faire visiter des appartements à 18 et à 19 heures. Il a alors essayé de la convaincre d'annuler ses rendez-vous. « Oh, allez ! C'est la *happy hour* ! » Et elle lui a déclaré sur le ton de la plaisanterie : « Pour moi, la *happy hour*, c'est l'heure à laquelle le chèque arrive

dans ma boîte aux lettres. Quand j'ouvre l'enveloppe, je suis heureuse pendant une heure entière. »

Dès que vous mettez votre vie entre parenthèses, vous devenez moins intéressante.

Lorsque votre partenaire veut vous voir, soyez ferme dès de début. Précisez-lui les moments où vous n'êtes pas disponible au fur et à mesure qu'il vous propose de sortir. Autrement dit, montrez-lui que vous n'êtes pas en libre accès. Soyez subtile, n'en dites pas trop d'un seul coup. De temps en temps, contentez-vous de refuser parce que vous avez tout simplement autre chose à faire.

EMPÊCHEMENTS

« On ne peut pas se voir aujourd'hui, pourquoi pas demain ?

Par exemple :

« Je ne suis pas disponible mercredi, car j'ai promis à une amie d'aller voir son exposition de peinture. Jeudi, ça te conviendrait ?

« Ce week-end, je ne peux pas, car j'ai de la famille à la maison. Pourquoi pas mardi soir, lorsque tout le monde sera parti ? »

« Cette semaine, ça va être difficile. J'ai beaucoup de travail. Plutôt ce week-end ? »

« Ah non, pas mardi. Le mardi, je vais à la piscine. On se voit mercredi soir ? »

Si votre partenaire constate qu'il n'y a pas que lui dans votre vie, il fera tout pour figurer dans votre agenda. Et cela démontre que vous avez tout pour devenir l'épouse parfaite. *Vous êtes une femme complète, votre bonheur ne repose sur personne d'autre que vous.*

PRINCIPE RELATIONNEL N° 28
La formule magique consiste à donner un peu… et à reprendre. Donner un peu… et reprendre.

Tel un petit garçon dans une cour d'école, votre partenaire s'arrêtera de courir après vous si vous restez immobile. Mais si vous bougez sans cesse, il vous poursuivra jusqu'à en perdre haleine. Même quand vous serez mariés, il aura besoin de recharger ses batteries en constatant que vous n'êtes pas en libre accès.

Mariée depuis des dizaines d'années, Dolly Parton a révélé le secret de son bonheur : dès que son mari commence à se reposer sur ses lauriers, elle fait ses valises et part en voyage. « Voilà mon secret, chérie… je reste inaccessible ! »

III. Le soleil se lève et se couche dans son caleçon

Comment faire jaillir une flamme inextinguible en lui

« On ne peut pas dire qu'on ait des relations sexuelles avant le mariage quand on n'a pas l'intention de se marier.»

GEORGE BURNS

Mieux vaut aller lentement, mais sûrement !

Pour les hommes, il y a deux types de femmes : celles qu'on culbute et celles qu'on épouse. Celles qui promènent leur *sex-appeal* avec désinvolture sont généralement celles qu'ils culbutent dans un buisson et qu'ils n'aident même pas à se relever quand ils ont fini. Cela dit, ils renonceraient facilement à elles s'ils avaient la moindre chance de rencontrer une de celles qu'on épouse, car celles-ci sont sexuellement plus désirables. Ce sont des femmes intéressantes, qui font marcher leur imagination.

Quel rapport avec le mariage ? Pour celles qu'on culbute, ils réservent une chambre d'hôtel pour la nuit. Pour celles qu'on épouse, ils achètent un chalet avec un hectare de terrain et une BMW dans le garage. Avec leur femme, les hommes ont l'instinct de propriété. Et si celle-ci est du genre qu'on épouse, ils n'ont pas peur qu'elle se fasse le facteur pendant qu'ils sont au bureau.

PRINCIPE RELATIONNEL N° 29

On dit toujours aux femmes que le sexe est le meilleur moyen de conquérir un homme. C'est faux !
Ce n'est pas parce qu'un homme couche avec vous qu'il s'intéresse à vous – même si vous êtes un bon coup.

Combien de fois êtes-vous tombée sur des articles intitulés : « Sexe : 100 astuces pour le rendre fou. » La plupart sont si stupides que l'on se sent encore plus stupide de les avoir lus. Réfléchissez. Ce n'est pas si difficile de plaire à un homme.

Les soi-disant experts ne vous disent pas tout : avec des pratiques sexuelles dignes d'une professionnelle, vous irez toujours au lit accompagnée, mais vous vous réveillerez toujours seule. Parce qu'avec vous l'amour aura quelque chose d'*ordinaire*.

Imaginez que vous suiviez ces 100 astuces. Vous faites la totale : lingerie coquine, accessoires en latex, acrobaties sexuelles, menottes en fourrure et *disco ball* tournoyant au-dessus du lit. Vous avez sucé votre doigt, vous lui avez attaché les mains et les pieds avec vos bas, vous vous êtes mise à quatre pattes et vous avez haleté comme un chien. Bien.

La question qui se pose est désormais la suivante : pourquoi tout cela ne mènera à rien à long terme ?

SA PREMIÈRE IMPRESSION	SA VISION DE L'AVENIR
Sa première pensée : « Ça va être plus chaud que jamais. »	« Aucun défi à relever. Rien qui donne envie de faire des efforts. »
Sa seconde pensée : « C'était un peu trop convenu. On aurait dit deux automates. »	« Je me demande avec combien d'autres types elle a fait ça ? »
Il en conclut : « Ce que je fais ne sera jamais mieux que tout ce qu'elle a déjà connu. »	« Je suis ordinaire, donc j'ai des relations sexuelles ordinaires. »

Votre partenaire veut croire qu'il est l'homme (dans toute sa splendeur) qui va vous faire entrer dans le monde merveilleux du sexe. Il va vous faire connaître quelque chose de nouveau. Avant lui, vous n'avez jamais eu d'orgasme. Donc, si vous lui suggérez des positions dont il n'a jamais entendu parler, il en déduit que vous avez déjà été initiée. Et il se dit : « Pourquoi est-ce que je ferais des trucs qui lui ont été montrés par un autre type ? »

S'il pense que vous êtes sexuellement plus expérimentée que lui, il vous classe immédiatement dans les relations à court terme. Il se sent émasculé et craint de ne pas être celui qui portera la culotte dans la famille.

Bien sûr, son premier objectif est de coucher avec vous. Or, le vôtre est de ne pas gâcher la possibilité d'une relation à long terme. Par conséquent, ce n'est pas la peine de monter sur tous les manèges la première fois que vous allez à Euro Disney.

Plus vous appuyez sur le frein, plus il a envie de griller les stops. Mais puisque les hommes n'avouent jamais les règles du jeu qu'ils appliquent lorsqu'ils essaient de séduire une femme, j'ai décidé de découvrir moi-même les scandaleuses manœuvres censées nous faire tomber dans leur lit. Le premier objectif d'un homme ? Passer le seuil de votre porte !

SES RÈGLES DU JEU	VOS RÈGLES DU JEU
En fin de soirée, il vous demande : « Puis-je utiliser tes toilettes ? »	Acceptez. Et attendez-le avec votre imperméable, vos bottes et votre parapluie encore ouvert. Ne retirez pas un seul vêtement. Pas même vos gants ou votre chapeau.

Il boit quelques tequilas de trop et vous dit : « J'ai trop bu pour prendre le volant, puis-je dormir sur le canapé ? »	Il espère que vous allez répondre : « Je ne vais pas te laisser dormir sur le canapé. Tu peux dormir dans mon lit, mais seulement si tu es sage. » Il se trompe. Sortez le café colombien et appelez-lui un taxi. Il ne doit pas aller plus loin que la cuisine.
Il vous propose un massage : « Tu as été très stressée cette semaine. Si je te faisais un massage ? Je me conduirai en parfait gentleman, *promis* ! »	Au bout d'un moment, il vous demandera : « Tu peux dégrafer ton soutien-gorge ? Tu seras plus à l'aise. Tu peux baisser un peu ton pantalon pour que je puisse te masser le bas du dos ? C'est là que tout est noué... pauvre chérie. »
Il vous demande : « Puis-je entrer une seconde pour passer un coup de fil ? Il faut que j'interroge mon répondeur et mon portable n'a plus de batterie. »	Acceptez. Puis attendez-le près de la porte jusqu'à ce qu'il s'en aille.
Il opte pour l'approche platonique : « Va te changer. Mets-toi à l'aise. Fais comme si je n'étais pas là. »	Sa première observation une fois que vous vous êtes changée : « Wouah, elle n'a pas de soutien-gorge. » Puis il vous dit : « Viens t'allonger sur le canapé. Prends une couverture et regardons la télé. »

Il choisit la stratégie du câlin : « Je vais passer la nuit ici, mais nous ferons juste des câlins. Je te promets de ne pas retirer mes sous-vêtements. Parole de scout ! » Et, au bout d'un moment : « Ce caleçon me serre. Il me gratte. Il faut que je l'enlève. Je déteste ça… ça ne te dérange pas ? »	Dix minutes plus tard : « Je voudrais te pénétrer juste une seconde. J'ai besoin de savoir comme ça fait d'être à l'intérieur de toi. Nous ne ferons pas l'amour. Juste une seconde, c'est promis ! » Et la seconde d'après, il vous chevauche comme un poney.

En général, la gentille fille cède trop facilement et essaie de redresser la barre ensuite. « Je n'ai jamais fait ça avant. Vraiment. Je n'ai pas l'habitude de le faire avec quelqu'un que je connais à peine. » Mais les hommes ne croient pas à ce genre de propos. Pour eux, ce n'est qu'une défense pour ne pas passer pour une traînée.

Quand vous entendez : « Ne t'inquiète pas ! » ou « Fais-moi confiance ! », soyez méfiante, très méfiante. C'est ce que le loup a dit au petit chaperon rouge. Ne croyez ces paroles que si vous croyez encore au Père Noël. Si votre partenaire vous dit : « Ne t'inquiète pas, je te promets que je me conduirai en parfait gentleman », comprenez : « On ne peut pas me faire confiance. » S'il était vraiment un gentleman, il n'aurait pas besoin de le préciser.

PRINCIPE RELATIONNEL N° 30

Pour distinguer les bons des mauvais plans, évaluez l'attitude de votre partenaire par rapport au sexe. Si vous lui plaisez vraiment, il se réjouira d'être simplement en votre compagnie.

Le sexe, c'est comme son sport préféré : le football. Il essaie de faire avancer le ballon vers le but petit à petit. Puis il est confronté à la ligne de défense de l'équipe adverse, mais il a l'opportunité de marquer. S'il se heurte à quelques obstacles, c'est encore plus jubilatoire. Yahou ! Il fait des bonds et le champagne coule à flots. *Il désire secrètement rencontrer chez vous une certaine forme de résistance.* Si vous lui donnez le ballon et s'il est seul sur le terrain, il n'y trouve plus aucun intérêt.

Fabienne n'a pas réalisé cela lorsqu'elle a essayé de séduire Thibaud. Ils étaient sortis ensemble deux fois, mais n'étaient pas encore intimes. Au troisième rendez-vous, alors qu'ils sortaient du restaurant, Fabienne a déclaré : « Je suis allée faire des courses. Je vais te montrer ce que j'ai acheté. » Et elle a sorti une bombe de crème chantilly et un string parfumé rouge en disant : « J'espère que tu aimes la fraise, car nous allons essayer tout ça cette nuit. »

Elle pensait que Thibaud allait être aux anges : « Je vais l'éblouir. Il ne pourra jamais me résister. Et ensuite, il m'épousera. » Bien au contraire, *il s'est lassé d'elle très rapidement.*

Pour savoir si votre partenaire s'intéresse vraiment à vous, évaluez le temps que vous passez ensemble en dehors du lit. A-t-il envie de vous voir dans la journée ? S'intéresse-t-il à ce que vous aimez ? C'est très révélateur. Même si ce que vous aimez peut sembler un peu ennuyeux, si votre plus grand plaisir est de promener votre chien au parc, il sera ravi de vous accompagner si vous lui plaisez vraiment. Rien de ce que vous aimez ne lui paraîtra ennuyeux puisqu'il vous adore.

Un homme qui souhaite s'investir dans une relation durable préfère les femmes prudentes, car celles-ci semblent avoir confiance en elles. Par exemple, Carine vit Paris et Paul en banlieue.

Après deux rendez-vous, Paul a téléphoné à Carine pour lui demander : « Est-ce que je peux dormir sur ton canapé cette nuit ? Il faut je sois à Paris tôt demain matin. On pourrait aller dîner ensemble ce soir et, demain matin, je serais à deux pas de mon bureau. » Carine lui a répondu qu'elle n'avait pas envie et qu'elle n'avait pas à lui expliquer pourquoi. Il a compris et l'a trouvée encore plus désirable.

Donnez une bonne image de vous afin que votre partenaire voie qu'il peut vous prendre au sérieux. Voici quelques suggestions :

- ✓ ne parlez pas des endroits où vous avez envie de faire l'amour ni de la musique sur laquelle vous aimez le faire. Il n'épousera pas la fille qui lui dit dès la première conversation téléphonique qu'elle aime recevoir la fessée à coups d'antenne cassée à l'arrière d'une voiture ;
- ✓ planifiez vos sorties. Ne vous engagez pas dans un plan du genre : « On traîne en regardant un DVD » – sauf si vous voulez que vos réservations au restaurant se transforment en « deux *cheeseburgers*, une grande frite et un Coca avec deux pailles, à emporter » ;
- ✓ habillez-vous légèrement sexy, mais n'en montrez pas trop. Ainsi, votre partenaire se dira que vous contrôlez parfaitement la situation ;
- ✓ ne vous laissez pas peloter sur le canapé ou sur le lit à moins d'être sûre à 100 % de vouloir aller plus loin. Préférez la position *verticale* pour les baisers et restez dans le hall ou dans l'embrasure de la porte ;
- ✓ faites venir votre partenaire chez vous *avant* l'heure du restaurant. Dites-lui de passer vous prendre à 18 h 30 si vous avez réservé à 19 h 30. Offrez-lui un verre de vin et laissez-le faire connaissance avec votre chien ou votre chat. Cela vous permettra de rompre la glace, tout en lui interdisant l'accès à votre appartement en fin de soirée. Ainsi, lorsque vous le renverrez chez lui après le restaurant, ce ne sera pas trop impersonnel ;

- ✓ ne pleurez pas au-dessus de votre verre en racontant tout le mal que votre ex vous a fait. Ne dites pas à votre partenaire que c'était un pauvre type, qu'il conduisait trop vite ou qu'il a dépensé tout votre argent. Cela ne fera que vous rendre moins intéressante à ses yeux. Ne vous plaignez pas. De plus, ce que vous avez vécu avec votre ex ne le regarde pas. S'il vous pose des questions, dites simplement : « C'est une histoire aussi longue qu'ennuyeuse (*bâillement*). » Traduction : *vous n'y pensez déjà plus* ;
- ✓ lorsque vous commencez à vous embrasser, si les choses vont trop loin à votre goût, ne lui dites pas : « Arrête ! » ou « Ça suffit ! » comme une petite fille pleurnicharde. Arrêtez-le avec le langage de votre corps. S'il a une main baladeuse, attrapez-la et entraînez-le vers la sortie en disant : « Nous allons être en retard si nous n'y allons pas tout de suite. » Cela montrera également que vous contrôlez la situation et il n'en aura que davantage de respect pour vous.

Vous avez une autre raison de ne pas vous laisser peloter sur le canapé. Si vous l'amenez au point de non-retour et vous vous libérez de son étreinte au dernier moment, il vous en voudra forcément. De même, si vous dites : « Pas maintenant, je veux que ce soit un moment vraiment spécial », vous ne serez pas très convaincante. Surtout si vous êtes à califourchon sur lui depuis une heure, la main dans son caleçon, lorsque vous annoncez la nouvelle.

Quand le locataire dudit caleçon danse le cha-cha-cha, c'est un peu tard pour mettre fin à la fête !

PRINCIPE RELATIONNEL N° 31

Patienter ne sert pas uniquement à montrer quel genre de femme vous êtes, mais aussi à vous donner le temps d'observer votre partenaire...

...et de découvrir des éléments clés sur lui : il a une femme et trois enfants à l'autre bout du pays, par exemple, ou ses amis sont de véritables truands. Il couche encore avec son ex pour lui faciliter la rupture (dont elle n'est pas encore au courant).

Vous devez aussi vous renseigner sur sa vie lorsqu'il était encore étudiant : a-t-il erré dans les rues en body sur des talons aiguilles ?

Prenez le temps de déterminer qui il est. N'adoptez pas la théorie de Newton selon laquelle « tout ce qui monte finit par redescendre », surtout en matière de sexe. Refusez de coucher avec lui tant que vous n'avez pas décidé de le faire et, à fortiori, si quelque chose vous déplaît en lui.

REFUSEZ TOUTE APPROCHE SEXUELLE...

S'il est trop agressif

Si vous lui plaisez vraiment, il n'est pas trop pressant et ne vous fait pas de proposition malhonnête dès les premiers rendez-vous car il ne veut pas passer pour un porc. S'il ne pense qu'au sexe, cela prouve qu'il ne s'intéresse pas à vous en tant que personne. Si, à la moindre résistance, il vous laisse en plan, tant mieux pour vous. Déroulez-lui le tapis rouge jusqu'à la sortie afin qu'il ne revienne jamais.

S'il ne peut pas rester toute la nuit

Ne couchez pas avec un type qui vous dit : « Je ne pourrai pas rester toute la nuit ». D'une certaine façon, il vous avertit qu'il a l'intention de vous tenir à distance. Si vous avez déjà couché ensemble lorsqu'il vous dit : « Je ne peux pas rester », à votre tour de répondre : « Qui a dit que tu restais ? »

Si vous n'êtes pas la seule

Ne couchez pas avec lui s'il est entouré de tout un harem de jolies filles qui attendent leur tour. S'il vous jure que ce ne sont que des amies, n'écoutez que votre cœur.

Si vous n'êtes pas à l'aise

Votre instinct est votre bien le plus précieux. Ne laissez personne vous convaincre d'aller à l'encontre de ce qu'il vous dicte. Kim Basinger explique : « J'ai l'impression qu'il y a deux personnes en moi – moi et mon intuition. Si je ne la respecte pas, elle me le fait payer, et si je la suis, on s'entend plutôt bien. » Votre corps est à vous. Écoutez-le et traitez-le bien !

Quand une gentille fille rencontre un homme qui n'est pas prêt pour une relation à long terme, elle ne tarde pas à se convaincre que rien n'est impossible. « Il sera différent avec moi ! Il changera pour moi. Je peux le changer. »

Par exemple, elle se trouve sur un lit avec un homme qui prend de plus en plus d'initiatives. Elle l'arrête et lui dit : « Attends ! Tout va trop vite. Je te connais à peine. » Alors, le type s'allonge sur le dos et lui répond : « D'accord, pose-moi des questions et je te dirai tout ce que tu veux savoir. » (C'est une sorte de négociation dans laquelle il s'agit, pour l'un de trouver des objections, et pour l'autre de les rejeter). Il lui raconte le récit larmoyant de sa rupture avec son premier amour, qui lui a brisé le cœur. Il parle de ses parents, qui lui préféraient son frère. Puis il lui caresse gentiment la joue et lui dit : « Nous ne sommes pas obligés de faire l'amour si tu n'es pas prête », tout en se demandant ce qu'il pourrait ajouter pour qu'elle lui tombe dans les bras. Et que répond-elle ? « Je suis prête ! Je suis à toi ! » Et les voisins voient le plâtre tomber de leur plafond jusqu'à deux heures du matin.

Une semaine plus tard… « Pourquoi ne m'appelle-t-il pas ? Il a dit qu'on était sur la même longueur d'onde. C'était très fort entre nous. Il a dit que ce n'était pas qu'une affaire de sexe, que c'était de l'amour. Il a dit que je comptais pour lui. Peut-être ne sommes-nous pas partis du bon pied. Peut-être est-ce simplement une mauvaise passe ? »

PRINCIPE RELATIONNEL N° 32

Ce que votre partenaire vous dit au début n'a pas grand-chose à voir avec la façon dont il* vous traitera. *Pour coucher avec vous, il vous promettra des choses dont vous n'avez jamais entendu parler.

C'est pour cette raison que les sites de rencontre sont très trompeurs. Lorsqu'un homme doit cocher une case pour indiquer ce qu'il recherche, à votre avis, laquelle cochera-t-il s'il ne s'intéresse qu'au sexe ?

1 - Relation sexuelle sans protection et sans suite.
2 - Relation sérieuse, amour et lecture de poèmes sous un arbre.

Il cochera la case « Relation sérieuse », car il pense sérieusement à coucher avec vous.

Après tout, les hommes sont des chasseurs qui se vantent de leur aptitude à attraper leurs proies. Si ce n'était pas interdit, ils feraient empailler les têtes de leurs anciennes conquêtes et les accrocheraient au mur. Sanglier, cerf, chevreuil, Clémentine, Nathalie et une certaine... Vanessa (car les aventures d'une nuit sont empaillées aussi).

L'acteur Vince Vaughn a dit : « Lorsqu'une femme ne m'intéresse pas, je suis direct. Tout de suite après l'amour, je lui dis : "Je ne peux pas aller plus loin, mais merci d'être venue." » Aucun homme ne vous dira : « Je ne t'épouserai jamais, mais j'ai vraiment envie de coucher avec toi. » Si votre partenaire ne s'intéresse pas à vous, il vous dira au contraire tout ce que vous avez envie d'entendre : « Me marier ? Avoir des enfants et une grande maison ? J'en meurs d'impatience ! » Quelle que soit l'oreille par laquelle ces paroles rentrent, veillez à ce qu'elles ressortent aussitôt par l'autre.

En tant que *proie*, vous n'avez aucun intérêt à rouler sur le lit ou sur le canapé avec votre partenaire en attendant de mieux le connaître. Attendez d'être vraiment à l'aise avec lui. Laissez-lui le temps de vous *montrer* – et non de vous *dire* – qui il est par ses *actes*.

Resto, fleurs, bonnes manières, voilà les bases à respecter pour un homme qui vient de trouver la fille de ses rêves.

Dans le feu de l'action

Une fois que vous êtes amants, sachez que votre partenaire continue à évaluer le potentiel de votre relation. Un homme recherche avant tout une femme naturelle au lit, qui aime authentiquement faire l'amour avec lui. J'ai donc demandé aux hommes : « Quels sont les indices qui montrent qu'une femme ne s'investit pas corps et âme ? »

Voici certaines de leurs réponses :

Les signes qui vous trahissent pendant l'amour

Arthur : « Beaucoup de femmes poussent des cris si aigus qu'ils arrêteraient net un rhinocéros en train de charger. Elles secouent les cheveux dans tous les sens, prennent des poses exotiques et se donnent en spectacle. On dirait qu'elles croient qu'elles sont filmées et qu'il y a une équipe de tournage dans la pièce. Lumière…

Ça tourne… Action ! »

Marc : « Essayez de ne pas montrer que vous regardez l'horloge ou que vous calculez le temps qu'il vous reste. Avant l'amour, ne dites pas : “Il est 20 h 45. Il faut qu'on s'arrête dans quinze minutes, car *Urgences* commence à 21 heures.” »

Christian : « La plupart des hommes préfèrent faire l'amour avec une femme séduisante qui s'implique vraiment plutôt qu'avec un top model qui ne s'implique pas. De loin. »

Frank : « On sait qu'une femme n'est pas honnête lorsqu'elle crie et soupire alors qu'on ne l'a encore même pas pénétrée. Dans ces cas-là, j'arrête carrément, pour voir ce qu'elle va faire. Si elle crie alors que je ne la touche même pas, je me dis que je peux aussi bien aller me faire un sandwich et reprendre là où j'en étais. »

Pour un homme, vos performances théâtrales n'ont rien à voir avec ses propres performances. Si votre partenaire se rend compte que vous n'aimez pas vraiment faire l'amour avec lui, il n'aura plus aucune envie de s'engager.

Aucun jury n'est là pour déterminer votre score. « Je lui donne 9 en mise en scène artistique, mais 7,8 en performance technique. » Si c'est ce qu'il vous fait sentir, c'est que c'est lui qui est minable au lit, pas vous. Avec un bon amant, vous n'avez pas à vous demander si vous devez vous faire refaire les seins ni s'il a vu votre cellulite sur la fesse gauche, car il vous distrait totalement de toute préoccupation.

D'ailleurs, la plupart des hommes que j'ai interrogés m'ont affirmé qu'ils voyaient rarement les défauts d'une femme avant que celle-ci ne les leur fasse remarquer. Ils aiment la silhouette féminine et admirent ce qu'ils trouvent beau. Aussi, lorsque votre partenaire vous passe la main sur le ventre, si vous dites : « Je fais des abdos et il sera plat d'ici cet été », il en déduit que vous vous occupez trop de votre corps et pas assez du sien.

D'après les hommes, les femmes font aussi l'erreur de se faire passer pour des jeunes filles d'une pureté virginale. Cela les rend méfiants. Votre partenaire n'est pas un enfant de chœur et il sait que vous n'êtes pas vierge. Vous aurez plus de classe si vous ne dites rien. De plus, même un enfant pourrait résoudre le problème d'arithmétique suivant : s'il y a autant d'hommes que de femmes sur terre et si tous les hommes ont couché avec des dizaines de femmes, est-il mathématiquement possible que toutes les femmes n'aient couché qu'avec trois hommes ?

Pour savoir si vous êtes une fille facile, votre partenaire ne se base pas sur ce que vous dites, mais sur votre expertise la première fois que vous avez des rapports intimes. Si vous voulez qu'il envisage une relation durable avec vous, ne lui montrez pas que la moitié des occupants de l'arche de Noé est passée dans votre lit. Inutile de vous conduire comme une professionnelle.

Le moindre indice de débauche sexuelle dans votre chambre attirera immédiatement son attention. Faisons donc ensemble un petit tour dans votre chambre à coucher pour veiller à ce que votre image de femme de classe reste intacte.

COMMENT AVOIR DE LA CLASSE AU LIT

- La première fois que vous couchez avec votre partenaire, ne recyclez pas une tenue affriolante que vous avez déjà portée. Gardez la lingerie coquine pour plus tard et sortez-la ostensiblement de son emballage avant d'en retirer les étiquettes (je ne plaisante pas, ne jetez pas l'emballage !). En attendant, un bel ensemble en dentelle suffira. Ne vous précipitez pas dans la salle de bains pour enfiler un corset style Madonna avec un string vert-jaune et un collier de chien à clous. Cela fera trop préparé, trop prémédité.

- N'ouvrez pas le tiroir dans lequel vous rangez des gadgets exotiques plus gros que des battes de baseball avec variateur de vitesse. Rien de pire pour casser l'ambiance. Vous ne voulez pas que votre partenaire ait l'impression d'être un avion Cessna garé à côté d'un Jumbo Jet 747.

- Les premières fois, laissez votre partenaire suggérer les positions. Si vous faites des acrobaties sexuelles en le chevauchant comme un cow-boy, il se dira que vous êtes loin d'en être à votre premier rodéo.

- Ne retirez pas vos vêtements à toute vitesse en les lançant à travers la pièce pour vous mettre en position sur le lit le plus rapidement possible. Laissez-le vous déshabiller… lentement. Ne vous comportez pas comme une chienne en chaleur.

- Laissez-le fournir le préservatif. Et surtout, n'essayez pas de vous distinguer en prenant l'objet dans la bouche pour le dérouler avec volupté sur ses parties intimes. « Regarde, sans les mains ! » Il se dira que vous avez fait vos classes au bois de Boulogne et vous classera dans la catégorie relation à court terme. Faites comme si vous ne saviez même pas où acheter des préservatifs et comme si vous n'en n'aviez jamais vu.

- S'il n'a pas de préservatif sur lui, ne lui montrez pas où vous rangez les vôtres. Il ne doit pas voir le paquet en promo qui en contenait cinq cents et où il en manque environ les trois quarts. Même si ce n'est qu'un paquet de douze et qu'il n'en manque que six, ce sont six de trop (souvenez-vous qu'il veut être le seul et l'unique).
- S'il rechigne à mettre un préservatif, ne dites jamais : « Tous les hommes avec qui j'ai eu des relations sexuelles en ont toujours mis un. » Si vous avez un enfant, ne dites pas non plus : « Tu dois en mettre un, car je tombe enceinte très facilement » (ce qui expliquerait pourquoi la boîte en promo est aux trois quarts vide).
- Les hommes aiment les femmes féminines. Ils aiment les lotions légèrement parfumées et tout ce qui est doux et suave. Par conséquent, les accessoires servant à attacher votre partenaire au lit risquent de l'inquiéter.
- Pour les hommes, la taille est un paramètre crucial. Si votre partenaire n'est pas particulièrement gâté, ne le regardez pas en demandant : « C'est tout ? » C'est écrit en caractères minuscules en bas de votre contrat. Vous devez dire : « Oh, mais je ne peux pas contenir tout ça. Doucement, doucement. Tu vas me déplacer une vertèbre du bas du dos. »
- Ne parlez pas comme une enfant et ne posez pas trop de questions. Au lieu de : « Est-ce que je fais ça bien ? », demandez : « Est-ce ça te plaît ? »

- La première fois que votre partenaire passe la nuit chez vous, ne laissez pas entendre que vous avez tout préparé ni que vous avez l'habitude de recevoir des hommes chez vous pour la nuit. Inutile de sortir un caleçon de rechange, un rasoir et une brosse à dents. D'un autre côté, ne laissez pas le shampooing contre les puces de votre chien dans la baignoire. Il pourrait l'utiliser par mégarde.
- Ne lui servez pas un petit déjeuner complet au lit. Si vous possédez un magazine dans lequel il y a une photo d'un plateau rempli de bonnes choses et agrémenté d'un bouquet de lys du jardin, jetez-le avant qu'il ne vous donne de mauvaises idées. Et envoyez votre partenaire chercher les croissants.
- Lors d'une conversation sur l'oreiller, ne lui murmurez pas à l'oreille : « Tu es ma moitié » ou « J'ai toujours su que nous serions ensemble. » Ce n'est pas vous qui l'avez séduit. Il a besoin de croire que c'est lui qui vous a conquise.

Plusieurs hommes m'ont également affirmé que les commentaires étaient les bienvenus au lit, mais qu'ils n'avaient pas besoin d'un bulletin scolaire ni d'un visionnage image par image le lendemain. Ne faites pas un bilan le lundi matin avec diapos, pointeur lumineux et tableau blanc comme si vous aviez affaire à un attardé. « Voilà ta position : X. Et voilà le point à atteindre : O. *C'est moi.* Quand je donne le départ, ton objectif est de courir, de trouver le trou et de te concentrer sur le point G. »

Toute tentative de déterminer une stratégie le lendemain est destructrice pour l'ego. Montrez ou dites à votre partenaire ce que vous voulez *pendant* l'acte… ou taisez-vous à jamais. Vous devez avoir du tact, surtout en ce qui concerne ses performances et son *meilleur ami*. J'ai demandé aux hommes ce que les femmes ne devaient absolument pas faire (au-dessous de la ceinture).

Voici les infractions dont ils m'ont fait part :

Infractions au code pénien

Martin : « Dans ces cas-là, ne levez pas la tête en louchant pour poser des questions stupides du genre : "Est-ce que nous sommes proches ? Il y en a pour combien de temps encore ? À quoi tu penses ?" Cela revient à faire un feu et à y jeter une bassine d'eau froide. »

Patrick : « N'essayez pas de gagner du temps, de le tenir ou d'avoir une conversation sérieuse avec lui. Ce n'est pas une marionnette ni une poupée de chiffon. Ne dites pas qu'il est mignon ou adorable et ne lui donnez pas de surnom comme Popaul. »

Éric : « Lorsqu'une femme se tient la tête, elle doit faire attention à l'endroit où elle pose ses coudes. Si votre coude appuie sur une artère de la cuisse, cela donne des fourmillements désagréables dans les orteils. » (Et les pauvres petits pieds vont devoir marcher avant que ce ne soit votre tour.).

Denis : « Ayez l'air heureuse. Ne regardez pas comme si vous vouliez vous plaindre (mais sans pouvoir le faire parce que vous avez la bouche pleine). Au moins, essayez d'avoir l'air plus heureux qu'un chat qui s'étouffe avec une boule de poils. »

C'est officiel. Je pense que j'ai réduit à néant mes chances d'obtenir le prix Pulitzer. Cela dit, il reste une chance que je me voie décerner une récompense humanitaire pour l'anecdote dont je vais vous faire part.

Luc m'a raconté le péché capital qu'a commis Mylène avec ses parties intimes. Mylène était allongée sur le lit et savourait le bien-être d'après l'amour. Luc, qui s'était levé, était en train de s'habiller. En se baissant pour ramasser ses chaussettes, il a posé un pied sur une chaise. Mylène a trouvé ses bijoux de famille si mignons qu'elle leur a donné une chiquenaude pour voir s'ils allaient se balancer. Luc a senti ses genoux se dérober sous lui et s'est mis à suffoquer et à voir des étoiles. Si vous faites ça à votre partenaire, vous n'entendrez pas sonner les cloches de l'église, car il disparaîtra pour toujours (et il y aura peu de chances qu'il garde un bon souvenir de vous) !

En ce qui concerne les conversations sur l'oreiller, le silence est d'or. Ne posez pas de questions du genre : « Tu m'aimes ? C'était bien ? Vraiment bien ? Mieux qu'avec ton ex ? Mieux que jamais ? » De même, si vous dites : « C'était bien mieux qu'avec Untel. Lui, c'était vraiment un tocard », votre partenaire aura l'impression d'être un amant parmi tant d'autres. Il n'a pas envie de vous imaginer avec un autre, alors, ne faites pas de comparaisons – même à son avantage. Loin des yeux, loin du cœur !

Du reste, ne le croyez pas quand il vous dit qu'il vous aime tout de suite après l'amour. S'il se met à parler de l'avenir, ce qu'il veut dire, c'est que c'était bien pour lui aussi… et qu'il aimerait essayer une autre position (à l'avenir).

Après l'amour

On fait croire aux femmes que si elles respectent la règle des *cinq rendez-vous* ou une période de chasteté d'un mois, leur partenaire s'engagera forcément et ce sera dans la poche. Elles se disent : « J'ai atteint la ligne d'arrivée. Ça y est, nous formons un couple. » Si vous êtes dans ce cas, attendez un peu avant de courir acheter un lot de serviettes *Elle et Lui*.

Après l'amour, vous n'en êtes qu'à la mi-temps, chérie !

Revenons en arrière ! Vous avez pris votre pied et, maintenant, il se prend pour Superman au lit. Le lendemain, il est plus fier qu'un paon à la saison des amours. Il chante *We are the champions* sous la douche. « Elle tient à peine debout. Elle a probablement encore les genoux qui tremblent. Elle ne pourra plus jamais penser au sexe sans voir mon visage entouré d'une auréole. » Dans son esprit, vous avez été intimes, donc il exerce un pouvoir sur vous. (Oups, ça ne va pas tarder à changer !)

Lorsque j'ai interrogé les hommes, je leur ai posé la question suivante : « Que se passerait-il si une femme ne changeait pas de comportement après l'amour ? Si, sans être désagréable, elle vaquait à ses occupations comme si rien n'avait changé ? » (Si seulement j'avais pu filmer leurs réactions et vous les montrer...).

Certains sont devenus tout pâles. L'un d'eux a répondu : « Cela me perturberait beaucoup. » La plupart ont admis qu'ils flipperaient complètement. (C'est bon à savoir !).

Pour mieux comprendre ce qui se passe pour « lui » et pour « elle » après l'amour, faisons une analyse image par image.

APRÈS L'AMOUR : STRATÉGIES PAS À PAS

Ce qu'il se dit tout de suite après l'amour

Il n'est pas né de la dernière pluie et sait qu'après l'amour une femme s'attend généralement à ce qu'il se conduise comme son petit ami officiel. Il garde ses distances, car il ne veut pas que vous ayez trop d'attentes. Faites comme si vous n'en aviez absolument aucune. Ne soyez ni plus, ni moins affectueuse. N'agissez pas différemment. Soyez la même !

Pourquoi il garde ses distances

Tout homme veut retarder l'engagement. Par conséquent, il modifie vos habitudes pour éviter la routine. Pour lui, la routine est synonyme d'engagement. Il fixe les règles, mais il les modifie sans cesse ou ne les respecte pas. Il appelle quand vous ne vous y attendez pas. Il demande à vous voir sans vous prévenir à l'avance pour vous obliger à essayer d'anticiper ce qu'il va faire.

La réaction qu'il imagine de votre part

Il s'attend à ce que vous soyez disponible à 100 %. Si vous êtes collante comme de la glu ou si vous avez besoin d'être rassurée après l'amour, il se dit qu'il a toutes les raisons de garder ses distances. Et il commence à se faire rare.

Ce que vous devez faire

L'inverse. Ne soyez pas disponible. Ne décrochez pas le téléphone à chaque fois qu'il vous appelle. Si vous êtes occupée, dites-lui que vous le rappellerez. Ne renoncez pas à votre vie. Ne vous rendez pas disponible à la dernière minute. Ne donnez pas l'impression que vous êtes prête à tout lâcher dès qu'il veut vous voir.

Ce qu'il en déduit

Toute votre relation ne reposera pas sur vous. Désormais, cette relation a de l'importance pour lui parce qu'il voit que vous n'êtes pas du genre à vous lancer tête baissée dans une vie de couple après une seule nuit de passion. Il vous considère comme une femme intéressante, et pas comme une gamine qui a besoin d'être rassurée.

Pourquoi cela aboutit à un engagement

Il se dit : « Si elle ne flippe pas, c'est que les choses ne vont pas aussi vite que je le pense. » Alors, il reprend sa routine et continue à vous courtiser.

Pourquoi c'est le coup de grâce

C'est un coup dur pour son ego. Désormais, vous avez toute son attention. Il se dit : « C'est bizarre, je pensais que j'avais assuré au lit. Mon téléphone devrait sonner toute la journée. Qu'est-ce qui se passe ? Pourquoi est-ce qu'elle ne me harcèle pas comme toutes les autres ? »

Une femme qui se conduit avec désinvolture après l'amour se situe à l'opposé de ce à quoi les hommes s'attendent. Quand un homme ne vous rappelle pas après une folle nuit d'amour, il pense que vous allez réclamer son attention. Et c'est précisément ce qu'il redoute. Si vous avez le comportement inverse, il est déstabilisé et change très rapidement d'attitude. Il constate que vous êtes plus forte que les autres. « Ce n'est pas n'importe qui. Elle n'est ni stupide ni naïve. Elle ne se laisse pas faire. »

Il se demande aussi pourquoi vous ne lui posez pas les questions qu'il a l'habitude d'entendre :

- Est-ce que je compte pour toi ?
- Est-ce que tu m'aimes ?
- Qu'est-ce qui ne va pas ?
- Pourquoi es-tu si distant ?
- Est-ce que tu es fâché ?
- Est-ce que tout va bien ?

C'est lui qui doit vous poser ces questions. Si vous ne pensez pas sans cesse à lui, il se va se demander pourquoi et cela deviendra une obsession. « Comment se fait-il qu'elle ne hausse pas le ton et qu'elle ne me demande pas où j'étais ? Peut-être en faut-il un peu plus pour l'impressionner. Je ferais bien d'améliorer mon jeu. »

PRINCIPE RELATIONNEL N° 33

Si vous vous montrez très satisfaite après l'amour, mais que vous continuez à mener votre vie normalement, votre partenaire aura un autre regard sur vous. Il aura envie de s'investir dans votre relation.

C'est comme pour l'éducation des enfants. Les psychologues disent qu'au cours de la première année il faut mettre le bébé sur un trône et, au bout d'un an, le détrôner pour éviter les caprices à l'âge de deux ans. C'est la même chose avec les hommes. Après l'amour, ne laissez pas votre partenaire croire qu'il contrôle la situation. Sinon, votre relation n'aboutira jamais à un engagement de sa part.

De nombreuses femmes pensent qu'elles ne se feront pas jeter comme un Kleenex si elles ne couchent pas trop tôt. En réalité, ce qui compte, c'est davantage leur disponibilité après l'amour.

Une fois passé le cap de l'intimité, elles s'attendent à recevoir des lettres d'amour et à faire des promenades sur la plage. Elles vont chez le coiffeur, s'achètent de nouveaux vêtements et subissent même des brûlures au troisième degré pour se faire faire une épilation du maillot et avoir une jolie petite coupe de caniche.

En général, elles sont à l'entière disposition de leur partenaire. « Chérie, tu me manques. On peut se voir tout de suite ? » (Traduction : « J'ai envie de baiser. ») Réaction : « C'est mon petit ami maintenant, quel mal y a-t-il ? » Voilà le mal : il ne faut jamais baisser les critères et vos exigences. Si vous le faites, ne serait-ce qu'une fois ou deux, ce sera définitif.

PRINCIPE RELATIONNEL N° 34

Après l'amour, continuez à faire comme si vous veniez de vous rencontrer.

Les hommes respectent tout ce qui leur demande des efforts. Imaginez un adolescent conduisant une voiture de sport flambant neuve. Si vous lui donnez les clés sur un plateau d'argent, il aura toutes sortes de problèmes. Il recevra des contraventions pour excès de vitesse, il cabossera la voiture et n'en prendra pas soin. Mais si, pour l'avoir, il doit tondre des pelouses, tailler des arbres et préparer des *hamburgers* tout l'été, il fera bien plus attention. Si l'un de ses copains lui dit : « Si on allait faire crisser les pneus pour voir jusqu'à combien elle monte », il lui répondra : « Tu es fou ? J'ai travaillé tout l'été pour me payer ces pneus. »

Michaël m'a raconté une histoire très simple, mais touchante concernant la façon dont sa fiancée, Sophie, a gagné son respect grâce à sa présence d'esprit après l'amour. Le premier week-end où ils ont été intimes, Sophie a reçu un appel de sa tante d'Afrique du Sud le dimanche matin. Elle a murmuré à Michaël que cela prendrait un certain temps. Cinq minutes plus tard, il a commencé à se racler la gorge dans l'espoir qu'elle raccroche. Elle a posé la main sur le téléphone et chuchoté : « Si tu as quelque chose à faire, je t'en prie, vas-y ! Je ne veux pas te retarder. »

Ce n'est certainement pas le conseil que donnerait Miss Bonnes Manières : « Quelle grossièreté ! Raccrochez immédiatement et allez vite lui chercher ses pantoufles ! » Sophie a laissé entendre à Michaël qu'il était libre de partir et ne s'est pas comportée en fonction de lui. Le message était le suivant : « Je ne vais pas arrêter d'être celle que j'ai toujours été à cause d'une nuit de passion. C'est mon univers et je ne vais pas arrêter de vivre comme je l'ai toujours fait. »

PRINCIPE RELATIONNEL N° 35
Les hommes sont intrigués par tout ce qu'ils ne contrôlent pas.

Que vous soyez contrariée ou enjouée, votre partenaire en déduit qu'il contrôle la situation. Alors, ne montrez pas vos émotions !

Après l'amour, faites ce que tous les hommes font. Buvez un café. Faites votre gym devant la télé. Et laissez-vous tomber sur le canapé, à l'endroit usé où vos fesses ont laissé leur empreinte.

Ne laissez pas votre partenaire passer chez vous sans vous prévenir. Si vous allez le chercher à l'aéroport à minuit, déposez-le chez lui et rentrez chez vous. Quelle que soit la situation, ne vous conduisez pas comme si vous étiez à sa disposition. Ne vous bradez pas. Faites en sorte qu'il vous traite avec respect.

Ne vous contentez pas de vous dire : « Les hommes sont comme ça. Ils ne planifient jamais rien à l'avance. Et ils ne changent pas leurs habitudes. » Faux. Oublient-ils de regarder la coupe du monde de football à la télé ? Non. Ils donnent la priorité à ce qui est important pour eux. Le jour J, ils vérifient les piles de la télécommande, s'assurent qu'il y a des bières au frais et commencent à chauffer leur place dans le coin usé du canapé une heure avant le début du match.

Si vous ne cherchez pas l'attention de votre partenaire, c'est lui qui essaiera d'obtenir la vôtre. L'histoire de Muriel et Adam illustre parfaitement ce principe. Après avoir fait l'amour avec Muriel, Adam lui a dit qu'il sortait en ville avec ses copains. « J'y vais (il l'a regardée pour observer sa réaction). Ça ne te dérange pas ? » Il s'attendait à ce qu'elle flippe et à devoir la rassurer en lui promettant que son portable serait allumé tout le week-end, mais elle ne l'a pas appelé. Ce soir-là, elle est sortie avec ses copines. Lorsqu'elle est rentrée chez elle, il y avait quatre messages sur son répondeur et neuf appels manqués. (Note : même s'il est très occupé, lorsqu'il a envie de vous joindre, votre partenaire trouve toujours le temps de vous appeler.).

Le lendemain matin, en rentrant de la boulangerie, Muriel a trouvé Adam assis sur les marches de son immeuble.

PRINCIPE RELATIONNEL N° 36

Lorsque vous préservez votre vie privée, votre partenaire se demande où vous êtes et cela stimule son imagination. Dès qu'il ne peut plus vous joindre, il envoie un message à toutes les patrouilles pour vous retrouver.

Jacqueline Kennedy Onassis a dit : « Il y a deux types de femmes : celles qui veulent avoir du pouvoir dans le monde et celles qui veulent avoir du pouvoir au lit. » Et il y en a un troisième type : la chieuse, qui a les deux.

*Entretenir la flamme **

(Réservé aux chieuses expérimentées)*

Imaginez qu'un homme, au bureau, surprenne la conversation de deux femmes à côté de la machine à café. « Je ne prends pas mon pied », dit l'une d'entre elles. Cette remarque ne tombe pas dans l'oreille d'un sourd. Il la met immédiatement en mémoire. Il y a certaines choses en matière de sexe qui marquent considérablement un homme. Si votre partenaire est un amant attentionné, il espère vous donner autant de plaisir que vous lui en donnez.

Il se plaît à croire que vous avez du mal à lui résister.

Cela dit, il y a des moments où vous n'avez pas envie de faire l'amour. Après tout, les femmes ne sont pas aussi résistantes que les hommes physiquement. Nous ne pouvons pas porter des cartons lourds, nous ne pouvons pas ouvrir les bocaux et, parfois, nous n'avons pas la force de faire une partie de jambes en l'air après une dure journée à s'occuper des enfants ou à boucler un gros projet au bureau. Lorsque vous expliquez cela à votre partenaire, faites-le de façon à ce qu'il se sente *grand et fort*, tandis que vous n'êtes qu'une *fleur fragile*. Profitez-en pour négocier un massage des pieds ou des épaules et faites en sorte qu'il ne se sente pas rejeté. Car s'il se sent régulièrement rejeté, il finira par se désintéresser de vous.

PRINCIPE RELATIONNEL N° 37
Pour un homme, une relation sans sexe est une relation sans amour, sans affection, sans connexion émotionnelle.

La plupart des femmes n'ayant pas les mêmes besoins sexuels que les hommes, la fréquence des rapports devient souvent problématique. Pour éviter l'impasse, surprenez votre partenaire pour le stimuler à la fois physiquement et mentalement. S'il sait qu'il va faire l'amour deux fois par semaine, à tel moment et dans telle position, il finira par avoir l'impression de suivre un régime amincissant. En revanche, si vous le surprenez, il repensera avec émotion aux moments érotiques que vous avez partagés ensemble.

PRINCIPE RELATIONNEL N° 38

Préservez toujours une part de mystère. Plus ils sont sporadiques et imprévisibles, plus les rapports sont intenses.

Si vous ne tombez pas dans une routine du genre *le lundi, c'est raviolis*, votre partenaire ne se montrera pas trop impatient. Si vous faites l'amour dans le couloir, puis dans la buanderie la fois suivante, il en gardera un souvenir vivace. Les hommes n'oublient pas ce genre de choses. Cela lui fera du profit tous les jours de la semaine et, pourtant, vous ne ferez toujours l'amour que deux fois par semaine.

Ne sous-estimez jamais l'importance de ce que vous dites à un homme avant et après l'amour. Votre partenaire accordera beaucoup plus d'attention à votre relation et se sentira plus proche de vous si vous aimez vraiment faire l'amour avec lui et le considérez comme un amant hors pair.

Si vous maltraitez son ego, il deviendra rapidement grincheux et n'aura aucune envie de s'engager.

Après tout, le chemin qui mène à son cœur ne passe pas par son estomac... mais par son caleçon.

IV. Résistez aux tests infligés par les hommes

Pourquoi les hommes mettent les femmes à l'épreuve lorsqu'ils veulent savoir où elles en sont

« Vous savez, un réacteur nucléaire, ça ressemble beaucoup à une femme. Il faut juste lire le manuel et appuyer sur le bon bouton. »

HOMER SIMPSON, dans *Les Simpsons.*

Reprenez le contrôle de vos émotions

Si les murs avaient des oreilles, ils entendraient de nombreux hommes dire qu'ils sont *logiques*, tandis que les femmes sont des grenades dégoupillées incapables de contrôler leurs émotions. Outre le football, les hommes ont un autre passe-temps favori : la sympathie pour leurs pairs. Il y a les beuveries avec les copains, la chasse, la pêche et les bonnes vieilles histoires à raconter sur les femmes.

En général, dans le film *Pour le pire et pour le meilleur*, ils adorent la réplique de Jack Nicholson lorsqu'on lui demande comment il parvient à cerner avec tant de précision le tempérament d'une femme : « Je pense à un homme. Et je le prive de toute raison et de tout sens des responsabilités. » C'est ainsi que de nombreux hommes perçoivent les femmes.

Ils ont un petit secret qu'ils ne veulent pas dévoiler : ils poussent les femmes à bout délibérément pour observer leurs réactions. Par conséquent, votre partenaire va essayer de voir ce qui se cache derrière votre façade de *gentille fille* pour savoir à qui il a affaire. Il veut voir si vous avez du cran, si vous êtes vigilante et intelligente. Il veut savoir si vous remarquez qu'il se comporte mal.

Après une mauvaise journée, il ne vous dira jamais : « Chérie, j'ai envie de me détendre et de faire un câlin ».

Au contraire, il va essayer d'attirer votre attention en vous provoquant. Ensuite, il va observer votre réaction émotionnelle. *Si vous êtes contrariée, il saura que vous attachez de l'importance à ce qu'il dit et qu'il contrôle la situation.*

PRINCIPE RELATIONNEL N° 39
Quand vous réagissez en montrant vos émotions, votre partenaire gagne sur trois fronts : attention, contrôle et sentiment d'importance.

Dans la vraie vie, les relations ne sont pas uniquement faites de couchers de soleil et de mots tendres. Si les femmes ne voient aucun intérêt à pousser les autres à bout, les hommes n'hésitent pas à tester leurs partenaires.

C'est ce que j'appelle la *stratégie du test.*

Stratégie du test

Rituel stratégique prémédité qui consiste à pousser sa partenaire à bout. Le test commence généralement par un simple désengagement, pour voir ce qui va se passer. L'homme *oublie* de téléphoner. Il regarde une autre femme.
À chaque fois, il observe la réaction de sa partenaire. Il espère un réflexe involontaire provoqué par un manque de maîtrise émotionnelle.

Une relation amoureuse n'est jamais simple. Et quand un homme vous teste, si vous réagissez de façon disproportionnée, il vous place très vite dans la catégorie des femmes à ne pas prendre au sérieux. Si vous tapez du pied en vous mettant à pleurer et à pousser des cris suraigus, il sait qu'il exerce un pouvoir sur vous.

PRINCIPE RELATIONNEL N° 40
Si vous vous laissez manipuler facilement, votre partenaire pensera qu'il n'a pas besoin de s'engager pour vous garder.

Si, au contraire, vous ne vous démontez pas et réagissez avec sang-froid, il y verra un signe de force intérieure. Il aura davantage confiance en vous et davantage de respect pour vous. C'est ce qui lui donnera envie de s'investir dans votre relation.

Votre force de caractère lui montrera que vous êtes *sur un pied d'égalité*.

Imaginons qu'il rentre à la maison après une dure journée de travail. Il ne vous dit pas : « Chérie, j'ai besoin d'attention. » Il provoque une querelle et n'a un sentiment de satisfaction que lorsque vous vous êtes embrassés et réconciliés. Cela l'encourage à vous utiliser comme un punching-ball. Mais vous pouvez réagir tout autrement : « Bon, je vois que tu as passé une mauvaise journée. Je te laisse te détendre et je repasserai dans une heure. Je te mets une bière au réfrigérateur. Quand tu sortiras de la douche, elle sera fraîche. À plus tard. » Tournez les talons et absentez-vous pendant deux heures. Là, il vous respectera. Pourquoi ? Il se dira : « Elle sait s'y prendre avec moi. Elle m'a vu venir avec mes gros sabots. Hmm… elle ne se laisse pas faire. Si je continue à me conduire comme un mufle, elle ne tardera pas à me remplacer. »

PRINCIPE RELATIONNEL N° 41

Le meilleur moyen de fixer des limites à un homme qui vous teste consiste à le priver d'attention. Une réaction émotionnelle est toujours une récompense, même si elle est négative.

Votre partenaire n'a pas l'impression d'être un mufle, car il a un objectif précis. Il vous teste pour déterminer :

- ✓ quelles sont les choses importantes vous concernant qu'il ne connaît pas encore ;
- ✓ quelle est votre réaction lorsque vous êtes poussée à bout ou confrontée à une injustice.

C'est une sorte de jeu du chat et de la souris (indice : la souris, c'est vous !). Il essaie de savoir si vous êtes capable de vous défendre ou si vous allez craquer comme un enfant de cinq ans qui fait un caprice chez Toys R Us.

Souvenez-vous, entre l'envie de tester et le manque de respect, la frontière est mince. Essayons de comparer les deux.

TEST	MANQUE DE RESPECT
En général, tout de suite après l'amour, il prend ses distances pour voir comment vous allez réagir.	Le manque de respect est répété et régulier. Son manque d'attention est plus flagrant, plus cruel. En général, c'est le signe de l'érosion d'une relation au bout d'un certain temps.
Il vous téléphone pour annuler un rendez-vous uniquement pour voir si vous êtes flexible.	Il ne vous appelle pas. Il vous pose un lapin et vous téléphone un ou deux jours plus tard pour vous donner une excuse bidon.

Il regarde une autre femme pour voir quelle va être votre réaction, avec l'espoir que vous vous cramponniez à lui.	Il discute avec une autre femme pendant toute une soirée sans se soucier de ce que vous ressentez.
Il vous met en boîte et vous taquine gentiment.	Il vous blesse, vous dénigre ou vous insulte délibérément.
Il arrive en retard.	Il disparaît pendant une semaine et refait irruption dans votre vie comme si de rien n'était. En général, il se manifeste en fin de soirée.

D'une certaine façon, il n'y a pas de *petit* manque de respect. Quand un homme voit ce que vous êtes prête à accepter, il pousse le bouchon encore plus loin. Si vous vous laissez enfoncer, vous serez vite déprimée, car, lorsque vous sortirez la tête hors de l'eau, vous vous détesterez de l'avoir fait. Si vous comprenez ce qui se passe, vous serez capable de réagir de façon positive.

Tout d'abord, devez-vous vous défendre verbalement ? ou non verbalement ? Si vous ne voulez pas vous laisser manipuler, soyez une chieuse par vos actes et non par vos paroles.

PRINCIPE RELATIONNEL N° 42
Les hommes croient ce qu'ils voient.

Dans *Million dollar baby*, Morgan Freeman dit : « Parfois, la meilleure façon de porter un coup, c'est de *faire un pas en arrière.* » C'est exactement ce que vous allez apprendre à faire dans les sections suivantes.

Test n° 1 : Il essaie de vous rendre jalouse d'une autre femme

En Angleterre, il existe un proverbe qui dit : « Une femme qui n'est pas jalouse, c'est comme une balle qui ne rebondit pas. » Cela explique peut-être pourquoi les hommes ont recours à la jalousie pour tester les femmes. « Comment rebondit-elle ? Réagit-elle comme un flipper qui se met à sonner ? Puis-je tout me permettre si je lui offre ensuite une douzaine de roses ? » Si c'est le cas, tant mieux pour eux et tant pis pour vous. Ils savent que la concurrence est un point faible chez la plupart des femmes. Cela fait de la jalousie la Rolls de tous les tests qu'ils peuvent vous infliger.

Votre partenaire commencera peut-être par essayer de vous persuader que toutes ses ex l'aiment encore (y compris celle qui est partie avec une autre femme). Sa version des faits ? « J'ai rompu avec elle il y a longtemps, mais elle m'a toujours dans la peau. » S'il passait la journée au zoo, même le gorille femelle aurait envie de lui. Autrement dit, il veut vous faire croire qu'il fait craquer toutes les femmes âgées de dix-huit à quatre-vingt ans pour se faire passer pour une belle prise.

Par conséquent, lorsqu'il vous emmène au restaurant, il est particulièrement aimable avec la serveuse. Au cinéma, il regarde les autres femmes. Quand il retrouve une amie, il la serre longuement dans ses bras d'une façon pas tout à fait amicale – le genre d'étreinte qui vous donne envie de les asperger avec le tuyau d'arrosage comme pour séparer un couple de chiens.

Samuel sortait avec Carmen depuis plusieurs mois lorsqu'il a eu envie de savoir où ils en étaient. Il a décidé de la tester en évoquant la présence d'une *nouvelle* au bureau. « Il y a une nouvelle à mon étage qui passe toujours me voir et me laisse des petits mots. » (Il en a parlé, donc il n'y avait aucune inquiétude à avoir.). Carmen lui a répondu : « Je compatis. Je sais ce que c'est. Moi, il y a un grand type qui n'arrête pas de me harceler. Il veut que je parte aux États-Unis avec lui, alors que je le connais à peine. »

PRINCIPE RELATIONNEL N° 43

Quand un homme essaie de vous rendre jalouse, cela ne veut pas dire qu'il a envie d'aller voir ailleurs. Si vous êtes contrariée, cela le rassure sur vos sentiments pour lui.

Réfléchissez : s'il y avait vraiment anguille sous roche, est-ce qu'il vous en parlerait ? Non, bien au contraire. Si votre partenaire laisse la carte de visite d'une femme *bien en vue* à un endroit où il sait que vous ne pourrez pas la rater, il y a de grandes chances qu'il cherche simplement à attirer votre attention et à se rassurer. Cette carte a été posée là pour que vous la voyiez.

De même, s'il regarde une autre femme alors que vous êtes juste à côté de lui, ne vous dites pas : « Mon Dieu, cette femme est mieux que moi ! Je ne suis pas assez bien pour lui. » Il le fait exprès pour vous faire marcher.

Ne soyez pas bon public, et il arrêtera de faire son *show*. L'absence de réaction évite d'encourager et de renforcer les mauvais comportements.

Gabriel est l'exemple classique. Il a emmené Marianne à une soirée de Noël et il l'a laissée seule pour aller discuter avec quelques collègues séduisantes. Il s'est absenté pendant quarante minutes. Certaines femmes auraient boudé à côté du punch toute la nuit. Mais Marianne ne s'est pas démontée. Elle est allée faire connaissance avec de beaux célibataires. Lorsqu'elle a renversé son verre, ils se sont tous précipités pour l'éponger. Gabriel décrit la scène comme une « bande de loups s'abattant sur son innocent petit agneau ». Il est revenu en ligne droite auprès de son invitée. Il ne l'a probablement plus jamais laissée seule par la suite.

Il existe des variantes à ce test de la jalousie. Par exemple, votre partenaire vous dit : « Tu sais, ce qui me manque le plus chez mon ex, c'est son excellente cuisine. » Traduction : il a faim. Il veut que vous alliez à la cuisine lui préparer un bon petit plat, comme cette ex imaginaire qui n'a jamais existé. Il pourrait aussi vous dire : « Elle tenait bien la maison. » Dès qu'il veut que vous fassiez quelque chose, c'est précisément ce que son ex faisait à la perfection. C'est pourquoi certains hommes s'extasient sur la cuisine de leur mère. Ils veulent juste pouvoir continuer à se mettre les pieds sous la table.

Une de mes amies élève seule un garçon de douze ans qui va régulièrement chez son père. Quand il revient à la maison, son fils s'extasie sur la cuisine de sa belle-mère : « Odile fait les meilleures frites du monde. » Vous voyez, ça commence tôt… (Le futur mari d'une petite fille sans méfiance s'entraîne déjà.)

Cela me rappelle une anecdote que m'a racontée une autre de mes amies. Elle a convaincu son partenaire qu'elle était une excellente cuisinière sans jamais lui avoir préparé le moindre repas. Comment ? Un jour, elle est allée à un vide-grenier et elle a acheté toute une batterie d'ustensiles de cuisine pour 10 euros : casseroles, minuteur, spatules en tout genre, etc. Elle n'a jamais cuisiné de sa vie. Mais cela a fait bonne impression la première fois que son partenaire est venu chez elle. Toutes les casseroles étaient bien en vue sur la cuisinière et dans l'évier. Vous voyez ? Et vous qui croyiez que les hommes fantasmaient sur les femmes nues dans un bain moussant… Des casseroles dans un bain de liquide vaisselle, ça marche tout aussi bien !

On dit que les hommes épousent souvent des femmes qui ressemblent à leur mère. Mais cela ne veut pas dire que vous deviez porter un tablier et servir à votre partenaire des petits pains tout chauds sortant du four. Cela signifie simplement : « Maman sait mieux que personne. » Autrement dit, un homme recherche une femme forte, capable de se débrouiller, de s'occuper de lui et de lui dire d'arrêter de faire l'idiot – tout comme maman lorsqu'il était petit.

Lorsqu'il essaie de vous rendre jalouse, votre partenaire cherche à mieux vous connaître. Mais lorsqu'il voit que son plan tourne court et que vous avez une réaction inattendue, il se reprend immédiatement. Ensuite, il respecte les règles et fait preuve de bon sens.

Margaux et Richard ont une relation sérieuse. Richard lui a dit qu'une collègue avait le béguin pour lui. (Encore une fois, il en a parlé. Donc, pas d'inquiétude à avoir !). Margaux a évalué la situation et réagi calmement. « Je ne veux pas me mettre entre vous ni t'obliger à prendre la mauvaise décision. Si tu as envie de voir quelqu'un d'autre, vas-y. Vois si elle te plaît et fais-moi part de ta décision. » Elle a raccroché le téléphone et, le lendemain, Richard lui a envoyé un bouquet de roses. Lorsqu'elle lui a téléphoné pour le remercier, il l'a invitée à partir en week-end dans un hôtel romantique de la Côte d'Azur. Le nom de la mystérieuse collègue n'a jamais refait surface.

Si vous ne réagissez pas, vous n'offrez plus de prise et vous faire marcher n'a plus aucun intérêt. Si, malgré tout, votre partenaire continue à faire référence à son ex, inversez les rôles : « Lucas me faisait tout le temps rire. Et mes amis l'adoraient. » Il ne pourra plus jamais voir *Star Wars* sans grincer des dents en voyant le nom de Lucas sur l'écran.

PRINCIPE RELATIONNEL N° 44
Si vous faites à votre partenaire la même chose que ce qu'il vous fait, il changera immédiatement de comportement.

Inverser les rôles ne signifie pas jouer éternellement au chat et à la souris. C'est lui qui a commencé et c'est dans *son* jeu que vous entrez. Il a déjà traversé de nombreuses étapes et tout ce que vous faites, c'est le ramener à la case départ.

Test n° 2 : Il oublie de vous appeler, arrive en retard ou prend ses distances d'une façon ou d'une autre

Les hommes aiment se faire désirer. Votre partenaire veut être sûr que vous teniez à lui. Si vous le laissez faire, il vous manipulera de sorte que vous soyez obligée de le supplier pour obtenir ce que vous voulez.

Lorsqu'il se montre distant et vous teste, il cherche à savoir jusqu'où vous êtes capable d'aller pour le conquérir. Comme les femmes, les hommes veulent être insaisissables. C'est une question d'ego. Quand une femme fait des efforts pour eux comme un chiot qui sautille pour avoir un biscuit, cela leur donne un sentiment délectable de puissance.

Cela dit, votre partenaire doit effectivement se sentir désiré, valorisé, apprécié et adoré. Mais pas après un mauvais comportement, sinon, vous renforcerez ce comportement que vous voulez justement voir disparaître.

Régis avait l'habitude d'obtenir une réaction de Justine lorsqu'il rentrait tard après avoir écumé les bars avec ses copains. Justine lui demandait à chaque fois de lui téléphoner lorsqu'il prévoyait de rentrer tard. Et il ne le faisait jamais. Cela a duré un an. Un vendredi soir, il est rentré sur la pointe des pieds à 4 heures du matin, il a ouvert le réfrigérateur, et il a vidé plusieurs bières dans l'évier pour donner l'impression d'être rentré plus tôt. Après avoir reconstitué la *scène du crime* avec les bouteilles vides, il s'est laissé tomber sur le canapé. Lorsqu'il s'est réveillé le samedi matin, Justine était partie. Une de ses amies, hôtesse de l'air, l'avait appelée pour lui proposer de partir en Crète pour le week-end. Régis n'était pas au courant et il a flippé tout le week-end.

Complètement paniqué, il a appelé les amis et les parents de Justine pour essayer de la trouver.

(Un jour et demi plus tard.) Le dimanche soir, Justine est rentrée toute bronzée avec une odeur d'huile solaire sur la peau. Soudain, les rôles ont été inversés. « Pourquoi tu ne m'as pas appelé ? Je me suis fait un sang d'encre ! » a crié Régis. Puis, il lui a fait la morale en lui disant qu'elle aurait pu avoir plus d'égards pour lui. Elle lui a répondu : « Je ne comprends pas pourquoi tu en fais toute une histoire. Tiens, je t'ai ramené un cadeau. Et puis, si tu additionnes toutes les heures que tu as passées au bar avec tes copains cette année, tu verras que tu es parti bien plus longtemps. » Et elle est montée défaire sa valise.

Régis n'a plus jamais oublié de l'appeler. Il est sorti deux fois moins souvent, il est rentré à des heures décentes et il lui a même offert un téléphone portable pour qu'ils puissent se joindre à tout moment.

PRINCIPE RELATIONNEL N° 45

***Quand votre partenaire ne vous appelle pas,
vous vous faites un tas de scénarios.
De même, s'il n'a pas de nouvelles de vous,
son imagination tourne à toute vitesse.***

Si vous ne pouvez pas vous offrir un voyage en Crète et si vous ne connaissez pas d'hôtesse de l'air, il y a un moyen beaucoup moins cher de gérer les sorties tardives de votre partenaire. Il s'agit d'une nouvelle invention vendue dans tous les magasins d'outillage : la serrure à pêne dormant (utilisée par grand froid, elle a généralement un taux d'efficacité de 99 %).

Si votre partenaire rentre tard ou omet de vous téléphoner, il contrôle la situation. Il peut même en rajouter pour mieux vous faire marcher : « J'ai une de ces gueules de bois, on a bu toute une série de cocktails la nuit dernière. » En réalité, il a bu une bière sans alcool et

mangé une olive verte dérobée sur le bar. Voici ce qu'il essaie de savoir : « Si je passe la nuit à boire avec les copains, va-t-elle laisser des marques sur la moquette à force de faire les cent pas ? » Donc, il se comporte comme un ivrogne fier de l'être. Pourquoi ? Parce qu'il sait que quelqu'un l'attend avec anxiété. Il se sent désiré – comme vous lorsqu'il vous envoie un bouquet de roses avec des places de théâtre.

Même les ados se conduisent de cette façon avec leur mère. Stéphane, âgé de treize ans, a déclaré : « Quand je sais que ma mère va me gronder, je rentre encore plus tard. Si je l'appelais pour la prévenir, elle me gronderait de toute façon. Alors, pourquoi gâcher la fête ? Autant se faire gronder une fois rentré que de se faire gronder deux fois. »

Lorsque votre partenaire rentre enfin, si vous n'êtes pas à la maison en train de vous ronger les sangs, cela n'a plus aucun intérêt. « Où est-elle ? J'ai raté mon petit effet. Mais alors, elle ne s'est pas demandé où j'étais ? Pourquoi n'est-elle pas fâchée ? » Un homme m'a même avoué directement : « Je rentre tard pour que ma compagne m'aime encore plus. » (La réaction de celle-ci lui prouve qu'il compte pour elle.)

Il existe un autre scénario similaire aux sorties tardives avec les copains : travailler tard. Benoît sortait avec Louise depuis peu. Il l'a appelée pour lui dire qu'il serait *peut-être* obligé d'annuler un rendez-vous en raison de son travail. Il a ajouté qu'il verrait ce qu'il pourrait faire. Lorsqu'il a rappelé à 17 heures, il avait l'intention de la retrouver. Mais, entretemps, Louise avait fait d'autres projets. Lorsqu'elle est rentrée, elle lui a dit : « Je ne voulais pas te mettre la pression. Alors je suis allée à un barbecue. »

Analysons cette phrase magique : « Je ne voulais pas te mettre la pression. » Elle fonctionne à merveille sur les hommes qui s'investissent beaucoup dans leur carrière. Ils expliquent toujours qu'ils sont constamment obligés de se plier aux exigences de leur travail. S'ils se prennent pour Donald Trump, ils n'ont pas besoin d'une femme qui leur impose d'autres exigences.

Soyez donc l'exception à la règle !

Si votre partenaire a une bonne raison de ne pas vous téléphoner, soyez compréhensive. Dans le cas contraire, faites-lui remarquer sa négligence de façon directe, réfléchie et mesurée. Faites preuve de sang-froid. S'il est en retard plusieurs fois d'affilée, dites-lui simplement : « Comme tu es toujours en retard, si tu n'es pas là ce soir à 20 h 30, j'irai au cinéma avec Estelle. » Vous n'allez pas perdre votre temps à attendre son coup de fil. Vous le prévenez donc que vous ferez autre chose s'il n'est pas là à l'heure prévue. Parlez sur un ton désinvolte pour montrer votre détachement par rapport à ce genre de situation. Vous avez une vie, vous !

PRINCIPE RELATIONNEL N° 46
Plus vous êtes sereine,
plus votre partenaire est déstabilisé.

Soyez attentive à la stratégie qui se cache derrière ses propos. S'il vous dit : « Je n'ai pas vu l'heure passer » ou « J'ai complètement oublié », c'est qu'il a envie d'attirer votre attention. Or, si vous lui en accordez, il recommencera. Par conséquent, faites comme si vous n'aviez rien remarqué. Ne réagissez que s'il vous pose un lapin quelque part. Dans ce cas, ne vous lancez pas dans une longue histoire qui aboutit à ce que vous voulez vraiment lui dire. Il en déduirait que vous n'êtes pas sûre de vous. Dites-lui directement ce que vous avez à lui dire, réglez le problème et n'en parlez plus.

1. Identifiez le problème	**Message subliminal**
« À l'avenir, évite de me faire attendre. Je n'aime pas perdre mon temps et j'aurais pu le consacrer à bien d'autres choses. »	Vous parlez de *votre temps*. Il n'y a pas que *le temps que vous passez avec lui* qui compte à vos yeux.
2. Réglez le problème	**Message subliminal**
« J'aimerais que tu aies autant d'égards pour moi que tu en as pour tes clients. »	Vous comparez votre situation à une situation professionnelle (il en déduit que vous êtes une femme logique et rationnelle).
3. N'en parlez plus	**Message subliminal**
Laissez tomber le sujet comme s'il n'avait jamais été abordé.	Les négociations sont terminées.

Si vous parlez par énigmes ou si vous tournez autour du pot, votre partenaire pense que vous n'avez pas suffisamment confiance en vous pour parler en toute franchise. En revanche, si vous dites ce que vous avez à dire en deux phrases et laissez tomber le sujet, vous faites preuve d'assurance. « Oh, si je lui refais ce coup-là, elle va me remplacer. » Souvenez-vous : votre partenaire n'envisage de s'engager que s'il est sûr d'avoir affaire à une femme qu'on ne traite pas à la légère.

PRINCIPE RELATIONNEL N° 47

Les hommes trouvent les réactions émotionnelles inappropriées lorsqu'il s'agit de discuter de quelque chose d'important. Parlez calmement et votre partenaire comprendra que c'est important.

Votre partenaire remarque d'abord le ton de votre voix. La crédibilité qu'il accorde à ce que vous dites en dépend. Si vous avez la voix chargée d'émotion, il en déduit que même vous, vous ne savez pas ce qui ne va pas. « Elle est envahie par ses émotions. Je peux faire la sourde oreille. » Et il ne vous écoute pas. « Je la mène par le bout du nez. Je peux faire ce que je veux, elle sera toujours là. » Par conséquent, si vous voulez qu'il vous écoute, vous devez adopter un ton neutre.

Un boxeur attend toujours le bon moment pour frapper. Il ne décoche pas sans arrêt de grands coups de poing face au moindre gringalet de 45 kilos. Il sait très bien que s'il cogne à chaque fois, même s'il est le plus fort, il finira par perdre à cause de la fatigue.

Aussi, pour éviter les conflits inutiles avec votre partenaire, réglez-lui son compte en une seule phrase.

Dites sur un ton neutre :

« C'est inutile, tu ne crois pas ? »

Ou posez une question en inclinant la tête d'un air désinvolte :

« Tu trouves ça normal ? »

S'il vous demande de quoi vous parlez, reformulez :

**« Est-ce que tu fais ça souvent ?
Je me posais la question. »**

Puis gardez le silence. S'il tarde à vous répondre, ajoutez :

« Je vois. »

Ensuite, hochez la tête, buvez une gorgée de votre cocktail et changez de sujet !

Vous n'entrez pas dans son jeu, mais vous lui signalez tout de même que son comportement est inacceptable. Si vous ne vous mettez pas à son niveau, il se sentira morveux. Ne réagissez pas de façon négative, mais n'apaisez pas non plus son sentiment de culpabilité. Il n'a aucune prise sur vous. Il ne peut pas dire : « Qu'est-ce qu'elle est agressive. Elle s'en prend à moi sans raison. » Il n'a pas d'issue de secours qui lui évite d'évaluer – *et de corriger* – son propre comportement.

Cela me rappelle la réplique de John Travolta dans *Primary colors*, où il joue une version satirique de l'ancien président américain Bill Clinton. C'est quelque chose comme : « Ne laissez pas un salaud faire croire aux autres que c'est vous le salaud. »

À chaque fois que vous vous sentez tirée vers le bas, souvenez-vous : ne vous battez jamais avec un porc. Sinon, vous serez tous les deux dégoûtants. Mais la différence, c'est que *le porc, lui, il adore ça.*

Test n° 3 : Il a un comportement déplacé pour voir comment vous réagissez

L'un des objectifs de ces tests consiste à identifier vos points faibles (pour mieux en profiter). Il met ses chaussures boueuses sur la table. Il utilise votre jolie serviette

de bain Ralph Lauren pour essuyer les éclaboussures qu'il a faites sur la lunette des WC. Lorsqu'il commence à être plus à l'aise, il émet des gaz toxiques mortels après avoir mangé du chili. Il fait des remarques choquantes ou déplacées. Ou il vous suggère de venir chez lui nue sous votre imperméable, en talons aiguilles, pour voir comment vous réagissez.

Un homme m'a même avoué : « Parfois, je dis des choses qui contrarient ma petite amie uniquement parce qu'elle a l'air sexy quand elle est en colère. »

Pour vous montrer à quel point il paraît tout à fait normal à un homme de provoquer les autres (même ceux qu'il aime), voici un extrait d'un des livres de Donald Trump, *Comment devenir riche*. Non seulement Trump reconnaît qu'il essaie de provoquer les autres, mais il conseille à ses lecteurs de faire de même. Pourquoi ? « Pour voir leur réaction » :

> « Quand vous dites quelque chose de déplacé, vous pouvez obtenir une réaction révélatrice. Il m'arrive de faire un commentaire outrancier dans une réunion juste pour voir si mon interlocuteur me suit ou s'il prend position et montre son désaccord. C'est une bonne façon d'évaluer le courage de ceux qui sont autour de la table. Veulent-ils être appréciés ? Sont-ils à l'aise dans une situation imprévisible ? Sont-ils capables de franchise ? »

Les hommes se comportent toujours de cette façon pour que les masques tombent. Ils sont un peu comme les animaux carnivores. Quand un ours entre dans une vieille carcasse de voiture, il commence par prendre un petit objet, qu'il grignote pour voir de quoi il s'agit. Est-ce un animal ? Est-ce vivant ? Est-ce comestible ? Quelle est sa consistance ? Il ne le mord pas pour le tuer. Il se contente de le secouer un peu et de lui donner quelques petits coups de dents.

Où les hommes ont-ils appris à faire cela ? Explorons les origines de ce comportement acquis en partant à la recherche de *l'enfant qui est en eux*.

Quand ils sont petits, les garçons n'hésitent pas à s'insulter entre eux pour mettre leur courage à l'épreuve. Leurs échanges d'amabilités ont pour but de distinguer les petits caïds des enfants les plus vulnérables.

> **Garçon n° 1** :
> « Ta mère a un cul si gros qu'il lui faut
> deux chaises pour s'asseoir. »
> **Garçon n° 2** :
> « Tu ne ressembles pas du tout à ton père. »
> **Garçon n° 3** :
> « Ta tante a une face de pékinois. »

Si l'un des petits garçons perd son sang-froid ou se met à pleurer, à gémir ou à craquer sous la pression, *il est exclu du groupe.* Alors, il se dit que la vulnérabilité, c'est l'enfer. Le caïd qui parvient à se démarquer du reste du groupe, c'est celui qui a su refouler ses larmes, garder son sang-froid et avoir de la répartie. Et c'est ainsi que les hommes apprennent à se livrer à ce genre de joutes verbales.

Adultes, ils se conduisent de la même façon, même si c'est souvent sur le ton de la plaisanterie. Ils considèrent que ce comportement rend plus fort sur le plan émotionnel. C'est une forme d'affection masculine. Quand un gars verse une larme en 1986 lorsque son équipe de football perd contre l'équipe adverse, ses amis s'en souviennent encore vingt ans plus tard lorsqu'ils jouent au poker avec lui le week-end.

« Eh, Michel !
Je t'ai apporté une boîte de Kleenex
avec ton nom brodé dessus.
Elle est dans les toilettes pour dames.
Sers-toi, je t'en prie ! »

« Michel, apporte-moi une bière
pendant que tu es dans la cuisine.
Et n'oublie pas mon dessous-de-verre. »

« Michel a un beau petit cul.
Il ne serait pas mignon dans
un soutien-gorge Wonderbra ? »

Voilà d'où proviennent les plaisanteries de votre partenaire lorsque celui-ci vous taquine. Il se dit : « Qui aime bien châtie bien. » C'est ce que m'a expliqué l'un des hommes que j'ai interrogés : « On veut une femme qui ait le sens de l'humour et qui soit complice. Aucun homme ne voudrait d'une fille qui dit oui à tout. » Autrement dit, votre partenaire essaie de voir si vous êtes capable de vous défendre *sans vous effondrer.*

Si vous savez lui rendre la monnaie de sa pièce, il vous considèrera comme une initiée. « Celle-ci n'est pas née de la dernière pluie ! »

PRINCIPE RELATIONNEL N° 48

De nombreux hommes pensent que les femmes sont émotives et qu'ils pourront profiter de leurs points faibles lorsqu'ils les auront identifiés. Quand votre partenaire voit que vous ne l'êtes pas, il est déconcerté et devient la personne la plus vulnérable du couple.

Les hommes partent du principe que nous n'avons pas l'esprit d'analyse et que nous sommes confrontées à des *limites techniques* dans le domaine des sciences. Un jour, j'ai surpris la conversation de plusieurs hommes qui regardaient un journal télévisé dans lequel on voyait une astronaute en mission dans l'espace.

L'un d'eux n'en revenait pas, mais l'un de ses amis l'a consolé en lui disant : « Il faut bien quelqu'un pour faire la cuisine et la vaisselle dans l'espace ! »

Les hommes aiment aussi se moquer des femmes qui sont dans la police ou dans l'armée.

Pourquoi ? Les femmes sont très émotives, et on ne peut pas confier une arme à une personne émotive. Les hommes se disent qu'elles vont avoir peur, crier, paniquer et vider leur chargeur automatique dans la mauvaise direction – et décimer accidentellement la moitié de leur section. S'ils pouvaient remonter le temps, ils le feraient. Chaque femme recevrait, à la place d'un fusil-mitrailleur, un couteau économe. Et, tandis que les hommes seraient décorés de force médailles, on épinglerait sur la poitrine des femmes une broche représentant une casserole. « Au nom de la patrie, je vous remercie d'avoir préparé de bons repas sous les bombes. »

Bref, les hommes ont encore quelques préjugés. Aussi, lorsque vous surprenez votre partenaire en ayant une réaction réfléchie, il se dit : « Elle a les pieds sur terre. » Beaucoup de femmes ne se rendent pas compte que, pour gagner la confiance et le respect d'un homme, il leur suffit de montrer qu'elles ont un cerveau.

PRINCIPE RELATIONNEL N° 49

Votre partenaire vous teste pour voir si vous croyez en vous. Il veut savoir si vous êtes capable de vous contrôler. Si vous ne vous laissez pas démonter, il en déduit qu'on ne peut pas vous manipuler.

Une de mes amies remet toujours son fiancé à sa place lorsqu'il est de mauvaise humeur au téléphone. Pour éviter le conflit, elle met un terme à la conversation de façon plaisante : « Tu as mangé ? Tu as l'air d'avoir faim. Va manger quelque chose et ne me rappelle pas avant d'avoir le ventre plein. » C'est comme lorsqu'un homme vous dit : « Tu as tes règles ? » C'est plus affectueux qu'insultant. Et vous, vous pouvez utiliser votre stratégie tous les jours, à toutes les heures des repas.

Un dénommé Pierre m'a parlé de ce qu'il trouvait irrésistible chez sa fiancée : « Lorsque je la taquine, elle me remet toujours à ma place. » Alors qu'ils parlaient mariage, il lui a dit : « Pourquoi acheter la vache quand on peut avoir le lait gratuitement ? » Et, au lieu de se mettre sur la défensive, sa fiancée lui a répondu en riant : « Je vois ce que tu veux dire. Pourquoi acheter le porc quand tout ce qu'on veut c'est une petite saucisse ? »

Avant de traverser un pont de corde pour passer d'un pic à un autre, on le secoue pour voir s'il est sûr ou s'il risque de se rompre. De même, votre partenaire veut savoir si vous êtes solide. « Est-ce une battante ou une chiffe molle ? » Avant de devenir votre chevalier servant, il essaie de déterminer si vous valez la peine d'être défendue.

Test n° 4 : Il repousse les limites pour voir jusqu'où il peut aller

Une femme mariée de trente-cinq ans m'a raconté ce que faisait son mari. Au début de leur mariage, il laissait traîner des serviettes mouillées partout – sur le lit, par terre, au-dessus des portes, partout ! Elle lui a demandé de les ramasser, mais cela n'a pas marché. Alors, elle s'est mis à les jeter sur un arbre depuis la fenêtre. Tous les jours, avant de se doucher, il devait aller chercher sa serviette sur l'arbre. Lorsque l'hiver est arrivé, celle-ci a commencé à perdre sa bonne odeur de frais. Et il a décidé de se plier aux résolutions de l'ONU en termes d'entretien de la maison (tout ce qui n'est pas dans le panier à linge ne passe pas à la machine).

Les hommes font parfois semblant d'être incapables de faire certaines choses, si bien que c'est toujours à vous de vous y coller. Par exemple, un jour, le mari de Julie a habillé leur fille avec un tee-shirt vert, un short jaune et des chaussettes rouges. Julie avait envie de lui dire : « Tu es daltonien ? On dirait Bozo le clown ! » Mais, au contraire, elle l'a remercié : « Oh, chéri, merci d'avoir habillé Fanny pendant que je prenais ma douche ! C'est gentil de ta part. »

Les hommes feignent l'incompétence. Ils font exprès de mal faire la vaisselle, la lessive ou le repassage pour ne plus avoir à le faire. Par conséquent, si vous critiquez les tâches *traditionnellement féminines* accomplies par votre partenaire (le ménage, s'occuper des enfants), il vous rétorquera : « Bon, si je ne le fais pas bien, tu n'as qu'à le faire. » C'est exactement le scénario que vous devez éviter, sinon, c'est vous qui ferez tout.

PRINCIPE RELATIONNEL N° 50
Pour encourager les bons comportements, dites à votre partenaire ce que vous attendez de lui et montrez-lui comment faire. Donnez-lui les moyens d'être votre héros.

C'est ce qu'a fait Rachel avec son mari. Ils travaillent tous deux à plein temps. Ils ont donc décidé que le premier arrivé à la maison commencerait à préparer le dîner. Rachel m'a confié son secret : « Quand j'arrive, si je vois qu'il n'est pas rentré, je continue à rouler pour lui laisser le temps de préparer le dîner. Je passe prendre un dessert et, ensuite, je m'extasie sur sa cuisine. Maintenant, c'est toujours lui qui cuisine. »

Si vous voulez que votre partenaire fasse les courses, dites-lui : « Je ne sais pas ce que tu aimes. Et tu as toujours plus d'idées que moi. Vas-y, toi. Voilà ma liste. » Quand il revient, soyez enthousiaste : « Tu es vraiment doué pour les courses. Personne ne les fait mieux que toi. »

L'impuissance stratégique peut être très utile. Les animaux utilisent des tactiques de diversion similaires dans la nature. Lorsqu'une cane voit un prédateur s'approcher de ses canetons, elle crée une diversion en faisant semblant d'être blessée et en battant des ailes désespérément. Dès que le prédateur est suffisamment loin de ses petits, elle s'envole.

Apprenez à vous servir de ce que vous savez sur lui

Autre règle d'or lorsque vous communiquez avec un membre de la gent masculine : ne dites jamais : « Il faut qu'on parle ! » Vous le feriez fuir comme s'il venait d'entendre un avis de tempête.

Avis : rafale d'émotions en vue.
Perspective : plutôt mauvaise.
Prévisions pour la nuit :
pyjama en flanelle, turbulences et migraines inexpliquées au lit.

Les psys disent toujours que, pour que votre partenaire ne se sente pas agressé lorsque vous essayez de résoudre un conflit, vous devez commencer chacune de vos phrases par : « Voilà ce que je ressens » et non : « Voilà ce que tu fais. » En réalité, avec les hommes, vous avez tout intérêt à laisser tomber ce que vous *ressentez* et à parler de ce que vous *pensez*. À Rome, parlez comme Roméo. Roméo commence ses phrases par…

« Je pense… »
« À mon avis… »
« Je dirais que… »

« Voici comment je vois les choses : ... »
« Objectivement... »

Pour attirer l'attention de votre partenaire, utilisez des termes qui n'appartiennent pas au registre émotionnel – il sera très surpris. Vous trouverez ci-après les sept mots que les hommes utilisent le plus volontiers, accompagnés de leur connotation masculine.

COURS INTENSIF DE LANGAGE MASCULIN

LOGIQUE

Terme que votre partenaire utilise lorsqu'il vous décrit à ses copains en buvant quelques bières. « Elle est incontrôlable. Heureusement pour elle, je suis logique. »

SENSÉ

Les hommes pensent que les femmes ne sont pas sensées, parce qu'elles achètent beaucoup de chaussures et de sacs à main pour impressionner les autres femmes. Eux, en revanche, ils sont sensés. Par exemple, votre partenaire trouve « sensé » d'acheter une Harley Davidson à 40 000 euros pour avoir l'air cool, une perte auditive irréversible et une hémorragie interne. C'est encore mieux s'il porte la tenue en cuir Harley à 2 000 euros pour avoir du style lorsqu'on lui enfile la minerve dans l'ambulance.

PRATIQUE

Les hommes trouvent les couvre-lits et les serviettes de bain assorties ridicules et « peu pratiques ». De même, les rideaux ne sont pas pratiques. Ce qui est pratique, c'est lorsqu'ils suspendent des sarapes mexicains de Tijuana à la place des rideaux pour créer une « lumière d'ambiance ». De même, ils trouvent que les couvertures qui grattent, couvertes de poils de chien, invitent davantage à l'amour.

STRATÉGIQUE

Votre partenaire adore ce mot. « Puisque nous travaillons tous les deux, je pense qu'il serait stratégique d'employer une femme de ménage. » Il lui donne l'impression d'être un grand homme d'affaires, comme s'il était le P-DG de la maison. De plus, il fait ressurgir chez lui d'agréables souvenirs d'enfance de l'époque où il jouait aux soldats de plomb avec ses copains.

ANALYTIQUE

L'esprit analytique est une aptitude dont seuls les hommes sont dotés, afin de pouvoir « analyser » l'émotivité des femmes.

RAISONNABLE

L'opinion de votre partenaire.

DÉRAISONNABLE

Votre opinion.

Le cours de langage masculin est terminé, mais n'oubliez pas de faire vos devoirs. Au lieu de : « Il faut qu'on parle de ce que je ressens », dites : « Analysons la situation de façon rationnelle et logique. » Maintenant, c'est vous qui contrôlez la situation.

Votre partenaire va d'abord vous regarder d'un air perplexe. Peut-être va-t-il baisser les yeux pour voir si vous êtes toujours génétiquement une femme. Puis il va se rendre compte de ce qui se passe.

Non seulement il sera impressionné, mais il comprendra que vous savez de quoi vous parlez. Quant à la tête qu'il fera, il y aura de quoi prendre une photo !

V. Les cordons de la bourse

Pourquoi l'indépendance financière fait de vous une bonne épouse potentielle

« J'aime les compliments. Mais je préfère le liquide.»

ANONYME

La chasse aux bons partis

Il y a certaines choses qu'un homme n'avouera jamais. Par exemple, il ne dira pas qu'il a peur de se faire plumer dans un divorce. Ou qu'il est horrifié à l'idée de se faire mettre le grappin dessus par une femme qui le prenne pour un distributeur automatique de billets. Ou encore qu'il a l'impression d'être aimé pour ce qu'il peut apporter et non pour lui-même. Pourtant, pour un homme, c'est le pire des pièges.

Quand mon éditrice, Amanda Murray, m'a demandé quel sous-titre donner à ce livre, j'ai posé la question à quelques hommes. L'un d'eux m'a répondu sur le ton de la plaisanterie : *Pourquoi les hommes épousent les chieuses : comment prendre sa retraite le plus tôt possible quand on est une femme !*

Aussi étrange que cela puisse paraître, les hommes redoutent par-dessus tout les femmes qui ont « le sens aigu des affaires » et *ne se marient pas par amour.*

PRINCIPE RELATIONNEL N° 51

Lors des premiers rendez-vous, votre partenaire reste sur ses gardes et essaie de savoir si vous l'aimez pour ce qu'il est ou pour ce qu'il peut vous apporter.

EUROS
OU
ÉROS ?
?

Lorsqu'un homme invite une femme indépendante au restaurant, il ne se dit pas : « Sans moi, elle ne mangerait même pas. » S'il emmène cette femme en week-end et lui parle de la propriété d'un million six cent mille euros qu'il vient d'acheter, elle lui répond : « Magnifique ! Félicitations. » Mais elle ne semble ni impressionnée ni avide d'en profiter. S'il vient la chercher dans un superbe coupé sport, elle lui dit simplement : « Merci d'être passé me chercher. C'est gentil d'avoir fait le détour. » *Cela prouve que c'est lui qu'elle apprécie et non la voiture.* C'est elle qui va le faire passer du *moi* au *nous*. Pourquoi ? Parce qu'elle n'est pas impressionnée par les choses superficielles qui impressionnent la plupart des femmes. C'est ce qui la distingue des autres.

Votre partenaire va être conquis par votre indépendance. Il va épouser la femme qui préfère qu'on vienne la chercher dans une vieille 2 CV cabossée et sans enjoliveurs plutôt que d'être traitée de façon indigne. Il doit savoir que s'il se comporte mal, vous appellerez un taxi ou prendrez le bus pour rentrer chez vous. C'est seulement s'il voit que vous n'êtes pas intéressée qu'il envisagera le mariage.

Les hommes ont tendance à fuir les femmes qui connaissent tous les endroits chics, parlent de gens très en vue et s'extasient devant les marques. Lorsqu'elles disent : « Belle Rolex ! », ils ne voient pas plus loin que le lit.

Pensez aux petites annonces. Quand une femme écrit qu'elle recherche un « homme généreux » capable de « s'occuper d'elle », les hommes lisent : « À vendre : vieille Buick qui a un problème de transmission. » Peu importe ce qu'elle dit dans le reste de l'annonce. Elle peut parler de longues balades sur la plage pendant des pages et des pages, ils en déduisent immédiatement qu'elle est intéressée. Voici ce qu'ils lisent entres les lignes :

Cherche Crésus

Avez-vous une maison où je puisse m'installer ? Êtes-vous prêt à travailler comme un fou et à me donner tout votre argent ? Si c'est le cas, j'ai l'intention de prendre ma retraite et de me faire entretenir. Répondez tout de suite et je dirai à toutes mes copines que vous êtes monté comme un lama de 150 kilos, même si vous êtes monté comme un nouveau-né. De plus, je me convertirai à n'importe quelle religion pour plaire à mes beaux-parents. Je suis une opportuniste équitable. Alors, dépêchez-vous, je vous attends !

Un homme de qualité ne répondra jamais à ce genre d'annonce. Souvenez-vous, CHIEUSE ne signifie pas **C**onjointe **H**autement **I**ntéressée **E**ffrontée **U**ltra-**S**cabreuse et **E**mpotée, mais **C**onjointe **H**autement **I**ndépendante **E**xcitante **U**ltra-**S**ereine et **É**vanescente.

PRINCIPE RELATIONNEL N° 52

Quand un homme voit que vous êtes capable de réaliser vos rêves par vos propres moyens, il n'a pas peur de s'engager, car il n'a pas à s'inquiéter de ce dont vous allez le dépouiller.

Pour une femme, l'indépendance financière est un atout de plus en plus important. Il se peut que votre partenaire ait des difficultés à joindre les deux bouts et il a besoin de savoir ce que vous ferez s'il vient à manquer d'argent.

Les hommes, même s'ils ne l'admettent pas toujours, ont peur d'être défaillants et de révéler leurs faiblesses. Après vous avoir séduite, ils craignent de ne pas être à la hauteur du *prince charmant* dont vous êtes tombée amoureuse. Ne croyez pas qu'ils n'aient pas envie, comme vous, de trouver quelqu'un avec qui ils puissent passer le reste de leur vie. Seulement, ils veulent *une femme sur laquelle ils puissent compter.*

C'est pour cette raison que les chieuses leur plaisent. Elles sont plus réalistes, elles ne croient pas à leur baratin et, par conséquent, elles risquent moins de se sauver à toutes jambes quand leur masque tombe.

Les hommes ne parlent pas de leur besoin de sécurité, car cela n'est pas considéré comme *viril.* C'est une chose taboue. Mais ce besoin existe. Voici les questions que votre partenaire se pose lorsqu'il envisage de se marier avec vous :

« Prendrait-elle le premier job venu
si j'avais des difficultés financières ? »
« Serait-elle capable de tout prendre en charge
*si j'étais dans l'incapacité de travailler ? »**
« Ou bien me quitterait-elle pour un type ayant une
Mercedes ou une plus grande maison ? »

* Question très importante.

Les hommes ont tendance à aborder les relations amoureuses comme la négociation d'un contrat. La question qu'ils se posent tous concernant leur partenaire est la suivante : « Quelle sera sa contribution en dehors du sexe ? » Et là-dessus, la chieuse ne déçoit jamais. Pour eux, une femme faible est un boulet et une femme forte, un atout. Comme lors d'une acquisition, ils calculent la *valeur ajoutée.*

LE BOULET	**L'ATOUT**
Femme qui cherche désespérément un homme susceptible de la sauver de sa propre vie. Son seul but : trouver un mari. Pour un homme, c'est comme adopter un enfant dont il faut s'occuper. « Elle a besoin de quelqu'un pour payer les factures. »	Femme forte ayant des objectifs personnels, qui ne se trahit pas. Son partenaire se dit : « Elle m'aime vraiment pour ce que je suis. Elle n'est pas avec moi uniquement parce qu'elle a besoin d'un Ticket-Restaurant ou d'un papa. »

Will Smith affirme : « La compétence est la chose la plus séduisante. » Les hommes recherchent une femme capable de se prendre en charge. Cela les stimule tant sur le plan intellectuel que sexuel, et leur donne quelque chose dont il ne sont pas censés avoir besoin : un sentiment de sécurité et de protection.

Quand une femme se paie elle-même son café, elle dégage une aura d'indépendance qui appelle le respect. Les hommes sont attirés par les femmes qui se considèrent comme des gagnantes.

Cédric se souvient de la première impression que lui a faite sa femme, Marilyn : « Elle est Chinoise et, quand elle est arrivée ici, elle ne parlait même pas français. Elle a lancé sa propre affaire et elle a réussi. C'est incroyable quand on pense qu'elle ne parlait pas un mot de français au départ. » Je lui ai demandé si l'éducation traditionnelle de Marilyn avait fait d'elle une femme soumise. « Loin de là. Elle ne me passe rien. » Il respecte sa force de caractère. Elle n'a eu besoin de personne. Tout ce qu'elle a, elle ne le doit qu'à elle-même.

Comparons Marilyn au genre de femme qui ne construit rien à part une garde-robe et s'engage dans une relation avec à l'esprit tout ce qu'elle est en droit d'attendre. Elle est jolie, mais commence à parler de son énergie divine et de ses qualités de diva. Elle se prend pour une déesse. « Tous les hommes doivent s'agenouiller sur mon passage. Et rendre un culte à ma chienne Princesse. » Au restaurant, elle commande les plats les plus chers de la carte « parce qu'elle le vaut bien ». Par cette attitude, elle finit par rebuter son partenaire. « Je ne suis pas assez bien pour toi. En tant que déesse, tu mérites mieux que ça. Je ne peux pas te donner tout ce qui t'est dû et je détesterais te voir souffrir. Je pense qu'il vaut mieux en rester là. »

Un de mes amis m'a avoué que, lorsqu'il rencontre une fille, il a parfois envie de lui demander : « Peux-tu apporter ton dernier relevé de compte à notre prochain rendez-vous. Je veux savoir à quel niveau de vie tu es habituée avant que les choses ne deviennent sérieuses entre nous. Est-ce que tu es un panier percé ? Est-ce que tu dépenses trois fois plus que ce que tu gagnes ? »

PRINCIPE RELATIONNEL N° 53

Les hommes ne portent pas de jugement sur l'argent que vous avez. Ils s'intéressent à votre façon de gérer votre budget.

Dès votre premier rendez-vous, votre partenaire s'imagine à quoi ressemblerait sa vie s'il entrait dans votre monde. Alors, il commence à rassembler des informations et enregistre tout sur sa barrette de mémoire comme une caméra sur pattes. Voici ce qui attire son attention :

ÉVALUATION DES RISQUES DU MARIAGE

Ce que votre partenaire remarque :

- Vous avez un porte-monnaie de luxe à 3 000 euros (qui contient cinquante centimes).
- Vous avez une voiture neuve toute cabossée qui ressemble à un placard ambulant.
- Votre appartement est propre et agréable ou, au contraire, en désordre (très important si vous vivez ensemble).
- Vous avez une immense pile de factures sur la table de cuisine.
- Il manque des boutons sur votre télé ou votre magnétoscope (il en déduit que vous cassez tout).
- Vos animaux sont bien/mal entretenus.
- Vous avez eu plusieurs colocataires, mais aucune d'elles n'est restée très longtemps (vous êtes difficile à vivre).

- On vous a coupé l'électricité ou le téléphone (il ne veut pas adopter une petite fille dont il faut constamment s'occuper).
- Vous payez vos factures avec une carte de crédit non approvisionnée et le percepteur vient de frapper à votre porte (vous allez le ruiner).
- Votre armoire est bondée de vêtements et de chaussures, et des tonnes d'articles de maquillage sont éparpillées partout dans la salle de bains (vous n'avez rien d'autre à offrir que votre look).
- Vous ne rendez pas les cassettes vidéo à temps et faites des chèques sans provision.
- Vous avez beaucoup de bouteilles d'alcool, un bar bien garni, mais rien à manger dans le réfrigérateur (on passe des soirées bien arrosées chez vous, mais peut-on vraiment vivre avec vous ?).
- Vous empruntez de l'argent, utilisez le mot « aider » et faites appel à vos amis ou à votre famille pour joindre les deux bouts.

VOTRE POTENTIEL EN TERMES DE MARIAGE : ÇA PASSE OU ÇA CASSE

Tous ces indices indiquent à votre partenaire si vous allez pouvoir ou non vivre ensemble. Il essaie de déterminer si vous êtes négligente, car il veut savoir comment vous allez traiter les choses pour lesquelles il va travailler dur. Il ne vous en parlera pas, mais il va mettre en mémoire toutes ces informations et les analyser minutieusement avant de prendre une décision concernant le mariage.

La plupart des femmes pensent qu'elles doivent se soucier des finances de leur partenaire parce que c'est lui qui tient les cordons de la bourse. Mais, aujourd'hui plus que jamais, les hommes regardent aussi les finances des femmes. Même s'ils sont riches.

Une personne ne peut plus nourrir à elle seule toute une famille car le coût de la vie a considérablement augmenté. Aujourd'hui, une voiture ou une maison coûte dix fois plus cher que dans les années cinquante ou soixante.

Un homme qui gagne très bien sa vie m'a dit : « On raconte aux femmes qu'elles n'ont qu'à être belles et qu'un homme s'occupera d'elles. J'ai connu une femme qui gagnait très peu d'argent et vivait dans un studio. Mais quand il y avait une facture à payer, elle la payait toujours à temps. Elle faisait avec ce qu'elle avait. J'ai aussi connu une femme qui avait beaucoup d'argent, mais qui le gaspillait dans des crèmes hydratantes aux fœtoprotéines à 200 euros ou dans des robes à 450 euros. Deux semaines plus tard, elle pleurait parce qu'on lui avait coupé l'électricité. Ou alors, elle tombait en panne d'essence avec sa BMW et devait aller à la station-service à pied dans ses chaussures à 1 000 euros. Et elle faisait comme si le monde entier lui en voulait. C'est le genre de femme qui creuse votre tombe. »

PRINCIPE RELATIONNEL N° 54

Les hommes admirent les femmes qui s'en sortent seules et redoutent celles qui gravissent l'échelle sociale à leurs dépens.

Laurent et Claire en sont le parfait exemple. Laurent est chef d'entreprise et Claire, coiffeuse, habitait avec une copine en colocation. Elle rêvait d'avoir son propre salon et il l'admirait pour ça. Au bout de neuf mois, ils se sont fiancés et il lui a offert une magnifique bague de fiançailles sertie de diamants. Il lui a également dit qu'il financerait le mariage. Elle a choisi le Ritz Carlton, une robe Dior à 10 000 euros et une liste de mariage chez Tiffany. Tous les invités seraient logés au Ritz aux frais de Laurent, avec massage du visage ou du dos. La seule chose que Laurent ait refusée, c'est la liste de mariage

de chez Tiffany, car il craignait que les membres de sa famille, aux revenus modestes, ne puissent se permettre aucun des articles de cette liste.

« Je ne comprends pas comment on peut demander un saladier en cristal de chez Tiffany à 900 euros pour son mariage, se souvient-il. J'ai commencé à me sentir mal à l'aise et à remettre la situation en question. Lorsque Claire a quitté son emploi, j'ai compris que j'allais faire une grosse erreur et j'ai rompu nos fiançailles. Je n'avais pas l'impression que ce mariage était une histoire d'amour et qu'on allait s'engager pour le meilleur et pour le pire. On organisait une véritable représentation pour ses amies. Ce n'était pas une vie commune qu'elle voulait bâtir. C'était un conte de fée – et c'était à moi de le financer. »

Étant donné que les hommes ne rêvent pas de se marier, telle Cendrillon, faites attention à ne pas vous réjouir trop vite. Quand une femme qui n'a rien développe soudain des goûts de luxe, les hommes deviennent méfiants.

Si vous n'êtes pas indépendante financièrement (ou si vous ne travaillez pas pour le devenir), tout ce que vous direz à propos du mariage éveillera les soupçons.

SI VOUS DITES :	**IL ENTEND :**
« Qu'est-ce qu'on fait pour les vacances ? »	« Je suis impatiente de rencontrer ma belle-famille ! »
« Tu as une maison ? »	« Je veux donner mon préavis et emménager chez toi. »
« Puis-je emprunter ta voiture ? »	« Puis-je conduire *ma* nouvelle voiture ? »

« J'aimerais me marier. »	« Je suis impatiente d'arrêter de travailler. »
« Quelles sont tes intentions ? »	« Où est ma bague ? »
« Je refuse de *perdre mon temps.* »	« J'ai acheté la robe. Il est temps. Fixons une date ! »

Les hommes sont frustrés, car ils entendent rarement une femme dire : « Je suis impatiente de créer mon entreprise » ou « Je suis impatiente de suivre cette formation. » Les objectifs de la plupart des femmes se résument à : « Je veux être mariée dans l'année. » Par conséquent, elles font du sport, s'achètent du maquillage, ont un look superbe et ne comprennent pas pourquoi leur relation n'avance pas.

Un homme n'a pas envie que sa partenaire tape du pied avec impatience comme Marisa Tomei dans *Mon Cousin Vinnie*. Si elle est contrariée parce qu'on lui vole le mariage qui lui est dû, il est forcément contrarié lui aussi. Tout cela manque un peu d'amour.

Malheureusement, cette situation est tellement courante qu'il existe même des expressions pour la définir.

« CHASSER »	**« SE FAIRE METTRE LE GRAPPIN DESSUS »**
Activité de la femme qui cherche un mari à tout prix pour faire un beau mariage et n'a pas forcément besoin d'être amoureuse du marié.	Sentiment d'un homme qui se rend compte que le désir de se marier de sa partenaire n'a absolument rien à voir avec lui.

Si vous ne faites pas comme si le mariage était le Saint-Graal, vous devenez immédiatement « différente des autres ».

L'histoire de l'horloge biologique qui tourne ne concerne pas uniquement les bébés. Traditionnellement, on fait croire aux femmes qu'elles ont une date de péremption sur le plan sexuel. Et elles en sont persuadées. Elles considèrent qu'elles n'ont plus rien pour elles après un certain âge. Quand j'ai parlé aux hommes que j'ai interviewés de la pression que subissent les femmes pour se marier avant un certain âge, j'ai été surprise de les entendre répondre que c'était un mythe. Si elle prend soin d'elle, une femme peut être sexy à trente, quarante, cinquante ans et au-delà.

Il n'y a pas de date de péremption pour le mariage.

D'après les hommes, ce qui rend une femme moins désirable, c'est l'insécurité qui entoure sa sexualité, et non le contraire. Autrement dit, une femme qui pense qu'elle n'a rien d'autre à offrir que le sexe est moins désirable. Par exemple, une femme de vingt ans, séduisante, qui a toute la vie devant elle, mais pense que son seul atout est moulé dans son jean, devient très vite barbante. Si c'est tout ce qu'elle a à offrir, si elle n'est ni indépendante ni intéressante, elle est moins désirable.

Quand je rencontre un homme marié heureux, je lui demande toujours en quoi sa femme était différente des autres. Yves m'a raconté son histoire : « Quand j'ai rencontré ma femme, elle occupait un poste prestigieux dans une agence de pub. Puis elle a perdu son travail. Alors, elle a été serveuse jusqu'à ce qu'elle retrouve un nouvel emploi. Elle ne s'est jamais apitoyée sur son sort. Elle a été réaliste. Il fallait payer les factures et elle a pris le taureau par les cornes. Elle a su s'adapter aux aléas de la vie et je la respecte beaucoup pour cela. C'est à ce moment que j'ai su que je pouvais faire ma vie avec elle. » Yves a été conquis par la façon dont sa femme s'est comportée face à l'adversité. C'est sa force de caractère qui l'a séduit. Elle a subi un revers et elle a tout fait pour garder la tête haute.

Ce comportement influe également sur la façon dont un mari traite sa femme après le mariage. Ève est une femme mariée heureuse. Jusqu'à présent, seul son mari travaillait. Quand elle voulait acheter quelque chose, elle demandait la permission à son mari. Parfois, il répondait : « Attendons un peu, ce n'est pas une priorité. » Un jour, sans *demander la permission*, elle a pris l'initiative de prendre un travail à temps partiel. Désormais, au lieu de : « Puis-je acheter ceci ? », elle dit : « Chéri, regarde ce que j'ai acheté ! » Et son mari l'aime encore plus qu'auparavant.

Les hommes se sentent plus proches, d'un point de vue affectif, des femmes qui savent se montrer autoritaires et peuvent les quitter à tout moment si elles ne sont pas satisfaites. Quand un homme rencontre une femme indépendante qui n'a pas besoin de lui, il la traite tout de suite différemment des femmes qui sont peu sûres d'elles-mêmes et ne savent pas ce qu'elles veulent. C'est elle qu'il a envie d'épouser.

PRINCIPE RELATIONNEL N° 55

Un homme n'a pas envie d'épouser une pauvre petite fille dont il devra prendre soin.

De plus, une femme fragile et sans défense, incapable de prendre des décisions, n'aura très vite plus aucun intérêt au lit.

Cela dit, il y a toujours une exception à la règle. Certains types préfèrent avoir une femme ou une *petite fille* qui reste à la cuisine et leur prépare de bons petits plats. C'est la raison pour laquelle ils cherchent leur future épouse sur Internet. Bien sûr, cette mesure draconienne qui consiste à épouser une étrangère fait généralement suite à une expérience horrible (comme une relation avec une Française *castratrice*). Ils font donc une croix sur les Françaises et prennent l'avion pour aller à la rencontre de la femme de leurs rêves (tout de suite après s'être fait faire quelques implants). Et c'est aussi bien que sur le catalogue de vente par correspondance !

FEMMES PAR CORRESPONDANCE

Mariée rougissante proposée avec les accessoires suivants

Elle ne parle pas un mot de français. Par conséquent, elle n'exprime ni son opinion ni son désaccord. Elle se contente de vous regarder de travers et de jurer dans sa langue natale lorsque vous lui manquez de respect.

Si vous vous abonnez à une chaîne à péage, vous pouvez éliminer les horribles documentaires sur la libération des femmes et ne lui montrer que les films mettant en scène des femmes soumises.

Les vœux sont prononcés hors de tout cadre religieux : « Promettez-vous d'obéir, d'obéir et d'obéir jusqu'à ce que le service de l'immigration vous sépare ? »

Lors de la rencontre officielle, un baba au rhum est offert à tous les adultes. Des sucettes sont également prévues pour la mariée et ses camarades de classe.

À la livraison, un cadeau issu de notre liste de mariage vous est également offert. Vous avez le choix entre un harnais, une balançoire ou une tapette à fessées pour la lune de miel.

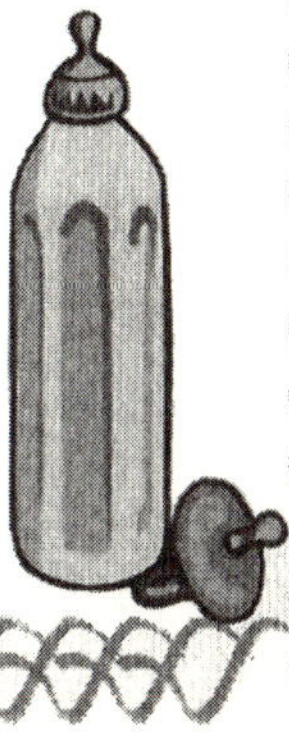

Certes, on n'entend jamais parler de divorce avec une femme par correspondance. Elle reste jusqu'à ce qu'elle ait une situation stable, puis, un jour, elle va acheter une bouteille de lait et on ne la revoit plus jamais. Pschit ! Elle disparaît dans les airs et c'est comme si elle n'avait jamais existé.

Bien sûr, les hommes intéressés par ces femmes profitent de leur situation désespérée. Mais c'est juste l'exception à la règle. La plupart des hommes ne veulent pas d'une pauvre petite brebis égarée. Un homme de qualité veut une partenaire avec laquelle il soit sur un pied d'égalité. S'il rencontre une femme capable de prendre des décisions dans sa propre vie, il se sent proche d'elle. « Super, on se ressemble ! » C'est avec elle qu'il a envie de choisir sa première vraie maison et ses nouveaux meubles. Elle est un atout pour lui. Les hommes aiment les femmes qui ont un avis sur tout. Ils leur font confiance.

Grâce à elles, ils sont moins sous pression, car ils n'ont pas à prendre toutes les décisions.

PRINCIPE RELATIONNEL N° 56
***Pour un homme, le* respect *et la* confiance**
sont des notions interchangeables.
Si votre partenaire ne vous respecte pas,
il ne vous fait pas confiance
et vous garde toujours à distance.

La reconnaissance : le chemin qui mène à son cœur

Davantage que la cuisine et le sexe, c'est votre gratitude envers un homme avec qui vous avez relation sérieuse qui va inciter celui-ci à s'engager ou non. C'est quelque chose dont on n'entend jamais parler, mais c'est très important. Un homme est prêt à tout pour une femme dont il se sent apprécié. Mary Kay Ash affirme : « Il y a deux choses que nous recherchons encore plus que le sexe et l'argent : la reconnaissance et l'estime. »

Quand votre partenaire fait quelque chose pour vous, s'il vous offre un cadeau, vous achète des fleurs, fait les courses avec vous ou met de l'essence dans votre voiture, dites-lui : « C'est très gentil à toi, merci. » Sinon, il en fera de moins en moins. Finalement, il fera les choses mécaniquement, sans y mettre de sentiment. Car ses sentiments s'estomperont jusqu'à ce qu'il ne ressente plus rien pour vous.

C'est le manque de reconnaissance qui pousse les hommes à rester au bureau jusqu'à 20 heures. Ils n'ont pas envie de rentrer auprès de leur femme. Ils arrêtent de faire des efforts, car rien ne les démotive autant que le sentiment de ne pas être apprécié.

PRINCIPE RELATIONNEL N° 57

Lorsque votre partenaire fait quelque chose pour vous, remerciez-le toujours pour le geste et non pour ce qu'il a fait concrètement. De même que les femmes adorent les compliments, les hommes sont avides de reconnaissance.

Pascal m'a raconté une anecdote concernant une femme qu'il avait invitée au restaurant pendant plusieurs mois.

Un samedi, elle l'a invité à dîner chez elle. Lorsqu'il est arrivé, il a remarqué qu'il n'y avait que de la moutarde et de la confiture moisie dans le réfrigérateur. Claude lui a dit : « Je m'apprêtais à aller au supermarché. On y va ensemble ? » Il l'a accompagnée et c'est lui qui a poussé le Caddie. Puis, elle en a pris un autre en déclarant : « Il va nous falloir un deuxième Caddie. » Elle les a remplis tous les deux à ras bord. Ils étaient si lourds qu'elle pouvait à peine pousser le sien. La note ? Près de deux cents euros.

« C'est moi qui ai tout payé, m'a avoué Pascal. Elle ne m'a jamais remercié et n'a même jamais manifesté la moindre gratitude. Pour couronner le tout, elle ne m'a même pas préparé un bon dîner. Elle a ouvert une boîte de poulet en promotion. Les steaks de premier choix que j'avais choisis ont mystérieusement disparu. » Quand je lui ai demandé s'il était de nouveau sorti avec elle après cela, il m'a répondu : « J'aurais encore préféré sortir avec une voleuse masquée d'une cagoule pointant un revolver sur moi. »

Chez tous les hommes que j'ai interrogés, c'est l'une des principales raisons pour lesquelles ils hésitent à se marier. Si vous donnez à votre partenaire l'impression que tout ce qu'il vous offre est consommé, absorbé et évaporé sans la moindre reconnaissance, il cessera d'être généreux. Il n'aura plus aucun plaisir à passer du temps avec vous. Comme l'a dit un des hommes : « Vos jours seront comptés. »

PRINCIPE RELATIONNEL N° 58
La* reconnaissance *est le mot préféré des hommes. Votre partenaire veut avant tout se sentir apprécié et valorisé. Si vous êtes reconnaissante, il fera tout pour vous décrocher la lune.

Lorsque vous montrez à votre partenaire que vous appréciez ses gestes, ce qu'il fait pour vous, ce qu'il vous donne, etc., il se sent valorisé. C'est pour cette raison que les hommes oublient toujours les anniversaires et la fête des Mères, mais ne manquent jamais les cérémonies de remise de prix où on leur remet une petite coupe minable.

Votre partenaire hésitera à vous livrer son cœur sur un plateau, à vous offrir une bague de fiançailles, à payer le mariage et à vous acheter une maison si vous engloutissez les dîners au restaurant comme si cela ne signifiait rien pour vous.

Par conséquent, si vous voulez qu'il vous décroche les étoiles, le soleil et la lune (et le diamant piriforme), n'oubliez pas vos formules magiques.

Remerciez-le et extasiez-vous :

« Merci d'avoir réparé… (machine en panne).
Tu m'as rendu un grand service. »
« J'ai passé une excellente soirée au…
(restaurant, théâtre, etc.). Merci encore. »
« J'adore… (cadeau qu'il vous a fait,
même si vous le détestez).
Merci encore. »

Puis ajoutez :

« C'est vraiment gentil de ta part. »
Ou « Tu es très généreux. »

Il n'y a pas de mots plus doux à ses oreilles.

Si vous avez affaire à un type qui n'est absolument pas généreux, méfiez-vous ! Remerciez-le pour ce qu'il fait pour vous, mais ne tolérez pas qu'il vous traite comme une marchandise au rabais. L'avarice est souvent le signe d'un manque d'intérêt. Il n'a sans doute pas l'intention de s'investir à long terme.

Par exemple, Sarah est sortie avec un type assez riche. (Nous l'appellerons l'Avare). En l'emmenant au restaurant, il s'est arrêté en chemin devant un distributeur automatique et l'a fait attendre dans la voiture pendant qu'il retirait quarante euros. Une fois revenu dans la voiture, il a posé les quarante euros sur le tableau de bord comme pour lui dire : « C'est tout ce que j'ai l'intention de dépenser ». Puis il l'a emmenée dans un boui-boui en lui proposant de partager une assiette de poulet. Ils en ont eu pour vingt-cinq euros avec le pourboire et il a vraiment eu du mal à les sortir. « On aurait dit que son porte-monnaie refusait de s'ouvrir. »

C'est le genre de rendez-vous qui n'en vaut pas la peine. Faites le calcul vous-même. Quarante euros pour une sortie d'environ quarante-cinq minutes. Cela représente un euro par minute avec cinq minutes supplémentaires pour le baratin « juste amis » (« juste amis » est le code pour *pas de sexe*), dont deux minutes passées à se plaindre.

PRINCIPE RELATIONNEL N° 59

Un homme ne regarde pas à la dépense quand il se dit que vous êtes peut-être la femme de sa vie. Au début, il paye* volontiers *l'addition.

Je connais une hôtesse de l'air qui est allée au cinéma avec un type lors d'un tout premier rendez-vous. Au guichet, il a sorti un coupon qui lui a permis de la faire entrer gratuitement. Ils n'avaient pas dîné car *il n'avait pas faim*. Mais elle, elle mourait de faim. Alors, quand ils sont entrés, elle a dit qu'elle voulait du pop-corn. Il lui a répondu : « Allons d'abord prendre nos places, on achètera à manger ensuite. » Ils se sont installés et il est resté assis. Elle s'est donc levée en disant : « Je vais chercher du pop-corn. Tu veux quelque chose ? » Et il lui a dit : « Prends-moi juste un Coca. Attends… » Lorsqu'il a ouvert son portefeuille, elle a cru qu'il allait sortir un billet de vingt euros. Mais il lui a tendu un coupon pour un Coca-Cola gratuit.

Ce n'est pas forcément un mauvais arrangement… C'est bien d'avoir des relations platoniques avec des amis avec qui vous pouvez aller au cinéma, surtout s'ils sont *gays* (au moins, ils peuvent vous donner de bons conseils en matière de fringues et de maquillage).

Une de mes amies, Nadine, a été invitée à un match de football par un certain Guy. À la fin du match, dans la voiture, il lui a demandé de rembourser son billet. Elle a répondu qu'elle n'avait pas d'argent et il lui a dit qu'elle pouvait envoyer un chèque. « Ton billet a coûté 36 euros. Donne-moi juste 40 euros et cela comprendra l'essence. Je vais payer les hot dogs. » Elle a insisté : « Euh, tu m'as invitée, alors je n'ai pas mis d'argent de côté. » Et il a répondu : « Pas de problème, tu me rembourseras le mois prochain. »

Le mois suivant, Guy lui a téléphoné et lui a laissé son adresse sur son répondeur. Elle l'a rappelé et lui a laissé le message suivant : « Je t'envoie un chèque. Cependant, je déduis 62 centimes pour cet appel, 53 centimes pour le timbre et 25 centimes pour l'enveloppe. Tu es tellement radin que je ne te fais pas payer l'encre. Mais promets-moi de ne jamais me rappeler ! »

PRINCIPE RELATIONNEL N° 60

Un homme à l'aise financièrement qui fait preuve d'avarice n'a rien à offrir. Il ne veut pas partager son temps avec quelqu'un, ni même un tiroir et encore moins une maison et sa vie entière.

Avoir une relation durable, c'est *partager* sa vie avec quelqu'un. Un homme qui a le sentiment d'avoir trouvé son âme sœur ne regarde pas à la dépense, sauf s'il a des raisons de croire qu'on profite de lui. Si vous plaisez à votre partenaire, tout ce qui compte pour lui, c'est d'être aimé en retour. Un des hommes que j'ai interviewés m'a confié : « C'est bon d'être généreux et de pouvoir emmener une femme au restaurant quand on est amoureux d'elle. »

N'acceptez pas les coupons, les remboursements, les assiettes pour deux, ni l'addition, car tout cela signifie que votre partenaire ne prend pas votre relation au sérieux. Plusieurs hommes me l'ont confirmé. « Un gars ne peut pas être fou amoureux et radin à la fois », m'a expliqué l'un d'eux. Et s'il était amoureux, mais avare par nature ? Vous ne voudriez pas de lui de toute façon. Imaginez les vœux que vous échangeriez (un moment d'une tendresse inoubliable) : « Je te promets de t'aimer et de t'honorer… jusqu'à ce que la mort nous sépare… à moins de devoir investir 40 euros, parce que, là, je me barre ! »

Vivre ensemble

Lorsque Vanessa et Jean-Marc se sont rencontrés, ils ont immédiatement eu le coup de foudre l'un pour l'autre. Trois mois plus tard, Jean-Marc a offert une bague à Vanessa et ils ont décidé de vivre ensemble. Elle a vendu son appartement, quitté son emploi et emménagé chez lui, à une heure de route. Très vite, elle a commencé à remarquer un changement. Alors qu'il était respectueux, il est peu à peu devenu condescendant avec elle.

Neuf mois plus tard, elle a de nouveau déménagé. Question : qu'est-ce qui cloche dans ce scénario ? Tout.

Tout d'abord, le *timing.* N'emménagez jamais avec un homme au bout de quelques mois. C'est tout à fait prématuré. De plus, si vous emménagez chez lui, sa garçonnière sera peu propice à la vie de couple. Vous ne vous y sentirez jamais chez *vous.* Vous aurez l'impression de revenir à l'adolescence et de rester dormir chez une copine. Si vous essayez d'aménager son appartement pour le rendre plus confortable pour vous deux, il aura le sentiment de devoir céder une trop grande partie de *son* espace. Et vous devrez vous séparer de beaucoup de choses auxquelles vous tenez dans votre appartement. Bref, mauvaise idée.

PRINCIPE RELATIONNEL N° 61
***En général, quand vous emménagez chez quelqu'un, non seulement vous renoncez à votre espace personnel, mais vous perdez votre* sentiment d'indépendance.**

Si vous ramenez deux chatons chez vous, ils s'entendent bien. Mais si vous introduisez un chat dans le territoire d'un autre chat, celui-ci va dominer le nouveau venu sa vie durant. C'est pour cette raison que les femmes se sentent déstabilisées lorsqu'elles emménagent chez leur partenaire. C'est une question de territoire.

Par conséquent, je vous encourage à laisser votre partenaire emménager chez vous (s'il y a suffisamment de place) ou, mieux encore, à chercher un logement spécialement pour vous deux. C'est le meilleur cas de figure, car vous pourrez négocier tout ce que vous voulez. Une baignoire perso, une salle de bains perso et tout ce qui

vous fait plaisir. En outre, je vous recommande vivement d'investir dans un lit de 160 cm. Pas pour vous. Pour *lui.* Ce sera très aimable à vous, car cela vous empêchera de l'étrangler accidentellement dans votre sommeil parce qu'il occupe tout le lit et vous laisse juste assez de place pour vous blottir dans le coin inférieur gauche du matelas. Croyez-moi : 160, pas moins.

Imaginons qu'il ait une énorme maison, avec un lit immense, et que vous emménagiez chez lui. Il est multimillionnaire, alors vous quittez votre emploi. À un moment donné, vous courez néanmoins le risque de vous disputer avec lui et de vous entendre dire : « De quoi est-ce que tu vivrais si tu ne m'avais pas ? Regarde autour de toi. C'est grâce à moi que tu as tout ça. » C'est précisément ce que vous devez éviter.

Emménagez dans un logement que vous aurez *choisi tous les deux.* Conservez votre indépendance. Gardez votre emploi. Gardez vos amis. Et gardez votre compte bancaire personnel. C'est la seule façon d'être traitée comme vous le méritez : avec équité et justice.

Ah, une dernière chose :

PRINCIPE RELATIONNEL N° 62

Si le mariage compte beaucoup pour vous et si vous vous apprêtez à fixer une date, ne déménagez pas avant d'avoir la bague et la date.

Si votre partenaire vit déjà avec vous, cela lui fera une raison de moins d'avoir envie d'aller plus loin.

Le mariage forcé

Ce chapitre ne serait pas complet sans une section sur un autre aspect du mariage : la grossesse. Cette situation est très courante et personne n'aime en parler, mais nous allons le faire.

Marielle avait une relation avec un grand chirurgien depuis six mois. À ce moment-là, il était très gentil avec elle, mais il lui avait dit qu'il ne voulait pas d'enfants dans l'immédiat. Six mois étaient passés et il ne l'avait *toujours pas* demandée en mariage. Marielle, devenue de plus en plus impatiente, est tombée enceinte *par accident*. Plus tard, elle a reconnu qu'elle avait arrêté la pilule, qui lui donnait des nausées (sans en parler à son partenaire avant qu'il ne soit trop tard). Il a tout fait pour la convaincre d'avorter. Finalement, elle a eu une fille et il s'est révélé être un excellent père. Seul hic : il n'a plus voulu entendre parler d'elle. Marielle en est restée stupéfaite. Elle pensait sans doute qu'elle irait faire les boutiques avec le bébé, conduite par son chauffeur personnel.

Avoir un bébé est une immense responsabilité. Ne faites pas exprès de tomber enceinte d'un homme qui a pris la peine de vous dire qu'il ne veut pas être père. Vous ne pouvez pas avoir une relation basée sur le respect mutuel et, en même temps, priver votre partenaire du droit de faire ce choix. Cela se retournera contre vous. Les hommes détestent les femmes qui se disent qu'elles valent bien ça, qu'il s'agisse d'un dîner, de vivre ensemble, de se marier ou d'avoir des enfants. Après son coup de théâtre, Marielle a perdu tout pouvoir de séduction.

Le père du bébé a expliqué pourquoi elle avait elle-même anéanti ses chances de se marier : « C'est merveilleux de faire l'amour. Mais si un homme vous y forçait, ce ne serait plus merveilleux. C'est ce qu'un homme ressent quand on lui annonce une grossesse non désirée, qu'il soupçonne d'avoir été délibérée. Si la femme veut aller au bout de sa grossesse, peut-être aimera-t-il le bébé. Mais il n'aura que du ressentiment pour elle. Elle devient effrayante. Il se dit qu'il y a quelque chose de très dangereux chez elle et qu'elle est capable de tout. C'est le genre de femme qui couche avec votre meilleur ami et ne voit absolument pas où est le mal.

Une fois la limite franchie, il y a peu de chances que la relation se poursuive et encore moins qu'elle aboutisse au mariage. »

Les hommes ont du respect pour les chieuses. Ces femmes ne se comportent pas en chieuses parce qu'elles ont passé une mauvaise journée, mais parce qu'elles ont des principes et qu'elles vivent conformément à leurs propres valeurs.

Vous devez, d'une part, savoir vous défendre et, d'autre part, faire preuve de rectitude.

J'ai également entendu plusieurs anecdotes concernant les fiançailles. Parfois, pendant une grosse dispute, certains hommes réclament qu'on leur rende leur bague. Un jour, une fiancée a refusé et déclaré qu'elle avait perdu la bague (précisément ce jour-là). Le lendemain, un ami commun a confié à son partenaire qu'elle l'avait mise en gage. Après cela, leur relation est devenue chaotique.

Elle voulait toujours se marier avec son fiancé et, pendant six mois, ils se sont vus par intermittence. Mais il a refusé de se marier, car il n'a pas pu accepter d'avoir été dupé à propos de la bague. Si vous restez digne et que vous dites à votre partenaire : « Tiens, reprends-la, ta bague ! », il vous répondra : « Non, garde-la ! » Il sera trop fier pour la reprendre. Mais si vous agissez comme si c'était un dû ou si vous lui donnez l'impression de profiter de lui, il la reprendra pour toujours.

Un homme de qualité, qui a de la profondeur d'esprit, a un certain sens moral. La *décence* est indispensable au respect. Lorsque j'ai demandé aux hommes ce qu'ils recherchaient chez une femme, aucun d'eux ne m'a répondu : « Il faut qu'elle cuisine bien » ni : « Je veux qu'elle porte de la lingerie coquine tous les soirs. »

En revanche, j'ai très souvent entendu : « Je veux quelqu'un en qui j'aie confiance et sur qui je puisse compter. »

PRINCIPE RELATIONNEL N° 63

Ce qui plaît le plus à un homme, c'est le genre de femme sur qui il peut vraiment compter, qui sera* vraiment *là pour lui.

VI. Pénétrez dans le monde des hommes

Secrets volés – tout ce dont les hommes ne parlent qu'entre eux

« Un bon mariage dépend de l'aptitude du mari à prendre du recul pour voir ce qui ne va pas chez sa femme.»

ARCHIE BUNKER

Informations hautement confidentielles fournies par mes agents doubles

Attention, ce chapitre donne un aperçu de ce qui se passe dans la tête des hommes. Comme vous pourrez le constater, pour réunir les informations suivantes, j'ai adopté une approche très méthodique. J'ai respecté la méthode scientifique en travaillant dans un cadre bien précis. Pour commencer, je suis allée me chercher un verre et je me suis installée confortablement devant un documentaire animalier.

Dans ce chapitre, vous allez découvrir des spécimens de l'espèce humaine masculine communiquer entre eux à propos de la parade amoureuse. Pour enregistrer les échanges de ces primates, j'ai procédé comme tout zoologiste qui se respecte. J'ai approché les créatures sans qu'elles se sentent menacées. De plus, je ne les ai jamais approchées au moment où elles se nourrissaient, de peur de les entendre grogner et de les voir se retirer dans leur tanière pour l'hiver.

Je me félicite également d'avoir obtenu des informations sans avoir recours à la torture. Lumière aveuglante, privation de sommeil, décharges électriques et rediffusions de *La Petite Maison dans la prairie* ont été inutiles. De même, les spécimens n'ont pas été contraints à regarder en boucle la scène de *Ghost* où Demi Moore pleure au-dessus d'un pot d'argile. Je n'ai utilisé aucune méthode coercitive. À aucun moment je n'ai eu recours à la plus grande des menaces : retirer les piles de la télécommande.

Ici, au siège social des Chieuses SA, nous sommes contre les expériences sur les animaux. Par conséquent,

aucun homme n'a été blessé *physiquement* (je ne peux rien garantir en ce qui concerne leur état mental actuel).

Permettez-moi de vous présenter mon premier sujet. Il s'appelle Thomas et il a neuf ans.

SHERRY : Quel âge as-tu, Thomas ?
THOMAS : J'ai neuf ans.
SHERRY : Puis-je te poser quelques questions ? J'écris un livre.
THOMAS : Moi aussi, je vais écrire un livre.
SHERRY : Quel sera le titre ?
THOMAS : Pourquoi les filles sont stupides.
SHERRY : J'ai entendu dire que tu avais une petite amie. C'est vrai ?
THOMAS : Oui, elle s'appelle Mélanie et je sais qu'elle a le béguin pour moi.
SHERRY : Comment le sais-tu ?
THOMAS : Parce qu'elle est très gentille avec tous les garçons, *mais vraiment méchante avec moi.*

Thomas est le plus jeune des sujets que j'ai interrogés. En vieillissant, les hommes sont plus secrets avec leur partenaire. Ils pensent que, s'ils se dévoilent trop, ils perdront le contrôle de la relation. De plus, il y a des thèmes qu'il ne vaut mieux pas aborder lors d'un dîner au restaurant.

La plupart des hommes se sont montrés très ouverts, mais d'autres ont été réticents à révéler leurs secrets. J'ai constaté que les hommes prêts à s'engager parlent beaucoup plus volontiers des techniques que leurs amis utilisent sur les femmes. C'est un peu comme lorsque l'on enfreint la loi (quand on fait quelque chose d'illégal soi-même, on n'en parle pas aux autres). Cela a confirmé ce que je savais déjà, à savoir que les hommes ont un code secret en ce qui concerne l'engagement, le mariage et le fonctionnement d'une relation.

Ce chapitre réunit les confessions les plus sincères, mot pour mot. Vous allez donc découvrir ce que mes *agents doubles* m'ont révélé. Ils sont issus des horizons les plus divers et balaient toutes les catégories d'âge. Certains sont mariés, d'autres célibataires. Et, à l'exception de Thomas, âgé de neuf ans, j'ai modifié les prénoms pour préserver la vie privée des intéressés.

Question n° 1 : Les hommes font-ils croire aux femmes qu'ils veulent s'investir dans une relation ou se marier pour obtenir certains bénéfices sexuels ?

1. « Absolument. À 1 000 %. »

2. « Tous les gars savent que leur copine sera plus réceptive sexuellement et plus compréhensive s'ils parviennent à la convaincre qu'ils veulent s'investir à long terme. Il suffit de dire les mots magiques : “nous”, “notre», “avenir” ou “probablement un jour”. Les hommes savent en profiter. Je parie que je pourrais lui faire faire […], si je lui disais que j'envisage de l'épouser. *Un jour.* »

3. « Quand un homme voit une femme régulièrement, celle-ci lui fait savoir ce qu'elle veut entendre. Elle projette sur lui ce qu'elle veut qu'il lui dise et il le lui dit. Elle tend le bâton pour se faire battre. Et elle est vite déçue, parce qu'elle voit que la situation n'avance pas. Il n'emménage pas avec elle, il ne lui donne pas la clé de son appartement, il ne la laisse même pas seule chez lui et ne lui offre pas de bague. Alors, elle se rend compte que leur relation n'ira jamais plus loin. »

4. « Les femmes se croient subtiles, mais si une fille essaie de me traîner à un mariage un samedi sur deux, je la vois venir. Si elle accroche partout des photos de nous aux murs, c'est louche aussi. Mieux vaut laisser l'homme être le premier à afficher une photo, sinon, il se méfie.

5. « Les hommes sont rusés. Quand un gars a une grande maison dans un beau quartier, il s'en sert comme appât. Il vous demande de l'aider à choisir la peinture pour la "chambre du bébé". Pour quand vous aurez un enfant, *un jour*. Et si le bleu layette ne va pas, il pourra toujours la transformer en salle de billard. Ou il vous demande de l'aider à choisir des meubles. Quand on dit à une femme qu'on vient d'acheter une maison et qu'on a besoin d'aide pour la décorer, elle se passe pratiquement les menottes. Et elle les attache au bois de lit. »

6. « Les hommes ont des relations en dehors de leur région. Et les femmes pensent toujours que cela va aller plus loin. Mais elles se trompent. Le type descend du train, passe le week-end au lit avec une fille et rentre chez lui. Il est régulièrement absent, puisqu'il vit dans une autre région. Il a une excuse toute trouvée. C'est une *relation à distance*, mais *purement sexuelle*. »

7. « Les hommes sont retors. On a un copain qui a dit à sa petite amie : "Je ne me marierai qu'avec une femme qui me réveille tous les matins avec une pipe." La pauvre fille s'est épuisée à la tâche tous les matins pendant trois ans et il ne l'a jamais demandée en mariage. »

8. « Quand un homme rencontre une femme, il lui dit qu'elle est intelligente, drôle, sophistiquée et qu'il l'ap-

précie en tant que personne… tout en lui retirant son string. Le but est de lui faire croire qu'il ne la considère pas comme un objet sexuel. Alors, elle se dit : "Enfin un homme pour qui je ne suis pas un simple objet !" Et elle se précipite au pieu avec lui. Les hommes font ça tout le temps. Ils font tout pour que les femmes ne sachent pas ce qu'ils recherchent en réalité. »

9. « Les hommes se présentent comme le partenaire idéal en disant : "Je n'ai jamais trompé personne. Je ne suis plus un gamin. Je n'ai plus envie de sortir avec les copains, j'ai besoin de me poser. J'ai mûri et je suis à la recherche de la femme de ma vie. Je me sens différent avec toi. J'ai l'impression de pouvoir te confier des choses que je ne pourrais confier à personne d'autre." Quand un homme y va fort, il faut se méfier. En général, il dit exactement le contraire de ce qu'il pense. Et si c'est bien tourné, c'est qu'il l'a déjà dit très souvent. »

10. « Certains hommes téléphonent beaucoup et font mine de s'intéresser à des conversations ennuyeuses. Moi, il m'est arrivé de m'endormir pendant une conversation téléphonique et de dire : "Vraiment ? Et qu'est-ce qui s'est passé ensuite ?" Quand un homme ne vous écoute pas vraiment, c'est qu'il ne s'intéresse pas à vous. Il attend juste le bon moment pour vous mettre dans son lit. »

Deux conclusions s'imposent. Tout d'abord, quand un homme voit de façon évidente ce que vous voulez (mariage, engagement ou choses matérielles), il s'en sert pour vous manipuler. Un homme a affirmé : « C'est comme donner à votre partenaire un manuel qui explique comment vous manipuler. Il lui suffit de vous dire ce que vous avez envie d'entendre et il vous faudra plusieurs années avant de vous rendre compte de ce qui se passe. »

Florent, un homme marié, explique très bien la deuxième leçon à tirer : « Quand une femme vous dit : “Si tu veux sortir avec moi, il faut que tu me demandes en mariage avant la fin de l'année”, c'est comme si elle disait : “J'aimerais sortir ce soir parce que je n'ai pas envie de rester seule à la maison.” En d'autres termes, quand un homme sait qu'*il n'est pas la raison de votre présence*, il prend immédiatement ses distances. »

PRINCIPE RELATIONNEL N° 64

Fixez vos limites et vos délais et laissez tomber si le délai est écoulé. Mais en attendant, n'en touchez pas un mot à votre partenaire. Ouvrez les yeux et évaluez la façon dont il gère sa part de la relation. De cette façon, vous aurez un aperçu de la réalité beaucoup plus rapidement.

Question n° 2 : Comment décririez-vous une femme sûre d'elle (une chieuse) par rapport à une femme qui manque d'assurance ?

1. « La pire chose qu'une femme puisse faire, c'est de voir un homme tous les soirs de la semaine. Elle deviendra un objet sexuel et sa *solution de repli*. Petit à petit, le type viendra à 21 heures et repartira à 22 h 30. S'il obtient

toujours ce qu'il attend d'elle, il n'aura pas à lever le petit doigt pour que ça continue. »

2. « Les hommes ont l'esprit de compétition. Quand un gars achète une voiture, si c'est une édition limitée, il a l'impression d'avoir quelque chose de vraiment spécial. Les types qui démarrent en trombe dans la rue ont envie de gagner, de doubler les autres voitures. C'est pareil avec les femmes. Une femme facile ne réveille pas notre instinct de compétition. Quand elle cesse d'exprimer son opinion et commence à être d'accord avec tout ce qu'on dit, c'est là qu'on commence à s'ennuyer. »

3. « Une femme ne doit jamais chercher un homme ni le suivre à la trace dans les trois différents bars où il a dit qu'il irait *peut-être* boire un verre. Si votre partenaire vous dit : “Je serai au bar du coin ou à la brasserie sur l'avenue”, ne le pistez pas. Si vous voulez être sa “régulière”, laissez-le *vous* pister. »

4. « Ma fiancée est la première femme à m'avoir remis à ma place. Elle me dit toujours : “Personne ne t'oblige à rester.” Quand j'essaie de me justifier, elle me coupe la parole en disant : “Tu peux économiser ta salive. Ce n'est pas la peine d'inventer des histoires, je ne te crois pas.” Je suis sûr que si elle me voyait en train de la tromper, elle me taperait sur la tête avec une poêle à frire. Et j'ai plus de respect pour elle que pour n'importe quelle autre femme que j'ai connue. »

5. « Si un homme peut vous résumer en une phrase, il s'ennuiera. »

6. « L'assurance, c'est ne pas essayer d'interpréter tout ce qu'on observe à voix haute, car cela empêche la relation de progresser normalement. Par exemple, à chaque fois que j'offrais des fleurs à ma partenaire, elle me rappelait que son ex avait arrêté de le faire. En réalité, c'était une façon de me demander si je continuerais à lui en offrir. Résultat, j'avais l'impression qu'elle n'appréciait pas vraiment mes fleurs ni le moment présent avec moi. »

7. « Une femme ne doit jamais dire : “Tu ne m'appelles pas assez souvent” ou “Tu ne me dis jamais que tu m'aimes”. En tant que femme, votre meilleur atout est de rester imprévisible. Votre partenaire ne doit pas tout savoir de vous. S'il sait toujours ce que vous allez faire, il ne s'investit pas dans une relation à long terme. *Il cherchera une autre femme, qu'il ne puisse ni cerner ni contrôler.* »

8. « Quand une femme sait ce qu'elle veut, c'est qu'elle a du caractère. C'est le genre de femme qu'on respecte. Ce n'est pas une chiffe molle qui s'effondre dès qu'elle est sous pression. »

9. « Vous devez donner l'impression de ne pas vous abandonner complètement. “Prends-moi, je suis à toi.” Il ne faut pas tout dévoiler tout de suite. Réfléchissez. Quand on va au cinéma, on a envie d'être tenu en haleine dès le début. Si le protagoniste perd une jambe, se fait tirer dessus et meurt dans l'explosion d'un immeuble dans les vingt premières minutes, on se dit qu'on n'en a pas eu pour son argent. »

10. « Une femme ne doit pas parler de mariage, même en plaisantant. Je sortais pour la deuxième fois avec une fille lorsqu'elle m'a dit en vidant une bouteille : "Mariée dans l'année !" Si vous avez envie de vous marier, ne le dites pas de but en blanc à votre partenaire. Sinon, il connaîtra votre point faible et en profitera en vous faisant miroiter une carotte. »

Question n° 3 : Comment une femme peut-elle savoir si elle perd son temps ?

1. « Quand vous avez le sentiment désagréable que votre partenaire vous fait toujours attendre, quand il vous dit des choses comme : "Il faut que j'y aille" ou "On se verra plus tard", cela signifie : "Je t'appellerai quand ce sera ton tour." Et, lorsqu'il réapparaît enfin, uniquement pour coucher avec vous, s'il vous dit : "Tu m'as beaucoup manqué", ne le croyez pas. Il ne passerait pas une semaine d'affilée loin de vous s'il avait l'intention de s'investir dans votre relation. »

2. « Si votre partenaire vous consacre une heure par semaine, c'est qu'il ne s'intéresse pas à vous. Si vous n'allez pas au cinéma ensemble, s'il ne vous présente pas ses amis, si vous ne mangez pas ensemble et s'il vous dit : "Je n'aime pas beaucoup le téléphone" lorsque vous lui faites remarquer qu'il ne vous appelle jamais, c'est clair. S'il tenait à vous, il serait en contact avec vous en permanence. Un homme pose rarement un lapin à une femme dont il est amoureux. »

3. « Beaucoup d'hommes disent qu'ils ont trop de travail. Mais le travail n'a jamais empêché un homme de voir une femme avec qui il a vraiment envie de passer du temps. S'il est vraiment motivé, il trouvera forcément un moment. »

4. « Si votre partenaire est vraiment débordé, il vous dira précisément quand il vous rappellera : "Je suis coincé au bureau, mais je te rappellerai tel jour à telle heure." En revanche, s'il se contente de dire : "Je te rappelle plus tard" sans plus de précisions, c'est un manque de respect. C'est la même chose s'il part en déplacement. S'il sait qu'il ne pourra pas vous joindre à un moment donné, il vous le dira, mais il ne vous laissera pas sans nouvelles toute la semaine. »

5. « Si votre partenaire commence à vous dire que son téléphone portable n'avait plus de batterie, qu'il l'avait laissé dans la voiture ou au bureau, ou bien que les appels ne passaient pas, il vous ment. »

6. « Si votre partenaire sort avec vous depuis plus de deux ans et qu'il ne vous donne pas la clé de son appartement, ne vous présente pas à sa famille et ne veut pas entendre parler de mariage ni même vivre avec vous, votre relation ne progresse pas parce qu'il ne veut pas qu'elle progresse. »

7. « Beaucoup d'hommes considèrent certaines femmes comme une *solution de repli*. Si votre partenaire sait que vous serez toujours là pour lui, il se dit : "Celle-là, c'est dans la poche, voyons si je peux en essayer une autre." C'est pourquoi il ne faut pas le laisser prendre ses aises

ni être trop disponible pour lui. Il doit avoir peur de vous perdre. »

8. « Quand un homme vous dit : “Nous sommes bien comme ça”, cela signifie que le mariage ne fait pas partie de ses projets. »

9. « Quand une relation est basée dès le début sur la familiarité, la désinvolture finit par s'installer. Cela se voit chez un homme dans la façon qu'il a de se comporter avec sa partenaire. Est-ce qu'il l'accompagne jusqu'à sa voiture ? Est-ce qu'il la laisse passer en premier ? Ou est-ce qu'il fonce en donnant un coup de klaxon ? Ne vous rendez jamais chez un homme tard dans la soirée. Ce genre de proposition en dit long. »

10. « Beaucoup d'hommes emmènent les femmes dans les bijouteries et leur font miroiter des bagues sans jamais les acheter. Ou ils regardent une photo de mariée et disent : “Tu ferais une bien plus belle mariée qu'elle.” Ensuite, ils doivent attendre d'avoir une promotion ou une augmentation pour pouvoir se permettre les frais du mariage. »

PRINCIPE RELATIONNEL N° 65

Un homme qui pense vraiment que vous pourriez être la femme de sa vie ne parle pas de mariage. Il est beaucoup plus réservé et se confie progressivement au fil des mois, car il ne veut pas vous effrayer.

Si votre partenaire vous dit des choses du genre : « Le mariage, c'est vraiment ringard. C'est un bout de papier. Je ne vois pas à quoi ça sert. J'ai des amis qui ont des enfants et ne se sont jamais mariés. Pourquoi se marier ? », continuez à le voir pour aller au cinéma, mais ne vous fermez aucune porte.

Question n° 4 : Quels sont les secrets des hommes en matière de sexe ?

1. « Ne croyez pas tout ce que les hommes disent, en particulier au lit. Je connais un type qui a dit à une fille pendant l'amour : "Je me suis toujours demandé à quoi ressemble l'amour une fois qu'on est marié. Maintenant, je sais ce que c'est que de faire l'amour à ma future femme. Tu es mon rêve. Regarde ce que tu fais de moi." C'est la chose la plus écœurante que j'aie jamais entendue. Aucun homme ne déclare pour la première fois à une femme qu'il l'aime et qu'il veut l'épouser pendant l'amour. Quand une femme entend : "Je crois que je t'aime" pour la première fois pendant une partie de jambes en l'air, elle a tout intérêt à en rester là. Elle a affaire à un beau parleur. »

2. « Si les hommes regardent *Sex and the City*, c'est pour en savoir plus sur les femmes. Ils se demandent si leur partenaire est vraiment comme ça. Ils sont effrayés de voir à quel point les femmes sont accros à ce genre de séries. Ils veulent croire que leur fiancée est trop innocente pour être fascinée par quelque chose d'aussi décadent. »

3. « Ne parlez jamais de votre passé ni de votre manque d'expérience sexuelle. Aucun homme n'a envie de vous

imaginer à califourchon sur un autre. Quand une femme essaie de convaincre son partenaire qu'elle est innocente comme l'agneau, il y a 90 % de chances que ce soit précisément l'inverse. Alors, tout ce que vous direz ne fera que vous donner un air coupable, comme si vous aviez couché avec toute l'équipe de foot de votre lycée. »

4. « Quand une femme fait une fellation parfaite à un homme dès la première nuit, sans battre un cil, il se dit : “Où a-t-elle appris à faire ça ?” Si vous êtes aussi habile qu’une pro, il vous traitera comme une pro. »

5. « Si vous couchez tout de suite avec votre partenaire, il ne restera probablement pas très longtemps avec vous. Quand on couche dès la première fois, on n’en est pas vraiment fier. On sait que ce n’est pas comme cela que les choses devraient se passer. »

6. « Les hommes ne disent pas aux femmes que la plupart des scènes qu’ils voient dans les films porno sont un peu stupides et exagérées. Quand une femme crie : “Mets-la-moi profond !”, je redoute immédiatement qu’elle ait un passé “trouble”. »

7. « Pour beaucoup de femmes, les conversations sur l’oreiller consistent à se confier en s’apitoyant sur soi. Après avoir fait l’amour avec une femme, on n’a pas envie d’entendre ce qu’elle n’aime pas chez elle et d’être obligé de la rassurer. Un jour, une fille m’a dit : “J’aurais aimé avoir les jambes plus longues, entre les genoux et les chevilles. Et je déteste mes hanches. Elles sont beaucoup trop larges.” C’est le genre de fille qui n’a pas beaucoup d’amour-propre et de qui on peut facilement profiter. »

8. « Il arrive qu’un homme téléphone à une femme tard dans la soirée et essaie de coucher avec elle. Si elle ne répond pas : “Bien sûr, j’arrive”, il est peut-être contrarié, mais, le lendemain, il s’intéresse davantage à elle car elle ne se laisse pas faire. Finalement, elle l’oblige à être honnête et ne cède pas à tous ses caprices. »

9. « Quand un homme est au lit avec une femme, s'il est très excité et ne veut pas arriver trop tôt à l'orgasme, il se met à penser au sport, il s'imagine dans un vestiaire avec une bande de gars en sueur après un match de rugby, il se voit sur un chantier ou se concentre sur l'évier qui fuit au rez-de-chaussée. Il fait tout pour avoir l'esprit ailleurs. Il ne veut pas être "Monsieur Cinq Minutes". »

10. « Je ne comprends pas l'attrait qu'ont certains hommes pour les tenues de petite fille. Si je vois une femme de trente-cinq ans qui porte des nattes et promène un petit chien habillé en rose avec une laisse en faux diamants, ça ne me fait aucun effet. Un homme qui aime le genre petite fille effrontée ne doit pas se trouver seul avec des enfants sans surveillance. »

Beaucoup d'hommes ont reconnu que, en dépit du plaisir immédiat, ils n'ont pas envie de coucher dès la première nuit. S'ils recherchent une relation durable, ils préfèrent attendre. Ils veulent une femme dont ils puissent être fiers. Si votre partenaire finit au pieu avec vous dès le premier rendez-vous, il ne se dira pas que vous êtes la femme de sa vie. De plus, lorsqu'il vous dit tout ce qu'il pense que vous voulez entendre, si vous ne réagissez pas, il essaiera de vous séduire de façon plus honnête.

Question n° 5 : Pourquoi les hommes testent-ils les femmes ? Le font-ils délibérément ?

1. « Oui, c'est quelque chose de conscient. Quand un homme teste une femme, c'est parce qu'il pense que, avant d'envisager de passer sa vie avec elle, il doit vraiment

bien la connaître. Il doit savoir si elle est complètement dingue ou si elle est compatible avec lui. »

2. « La plupart des hommes trouvent les femmes trop émotives. C'est pourquoi certains parlent un peu trop de leurs ex. Si certaines s'en sortent en étant simplement taxées d'hystérie, d'autres se font traiter de schizos. Et il y a toujours un épisode où une pauvre fille a complètement perdu la tête. Des hommes en blanc sont venus lui mettre la camisole de force et lui administrer un tranquillisant. Vous savez, exactement comme on fait avec un animal dangereux échappé du zoo. »

3. « Il arrive qu'un homme regarde une autre femme lorsqu'il se trouve avec sa partenaire. Si celle-ci est jalouse, cela se voit sur son visage. Alors il lui suffit de dire que cette femme a une robe magnifique, de beaux cheveux ou une démarche gracieuse. Il n'en faut pas plus pour la déstabiliser. Elle est si en colère qu'elle a les oreilles qui fument. En réalité, il ne s'intéresse pas du tout à l'autre femme, il veut juste faire marcher sa compagne. Cela peut sembler immature, mais il a envie de savoir s'il compte toujours pour elle. »

4. « Imaginons que vous ayez dit que vous n'aimez pas que les autres soient en retard. Votre partenaire met cette information en mémoire. Lorsqu'il veut vous tester, il se pointe avec une heure de retard et une bonne excuse. Si vous vous mettez à crier ou à l'insulter, il ne se mariera jamais avec vous. Mieux vaut rester calme : "Je me suis fait du souci pour toi, mais je suis contente que tu sois là. Appelle-moi, la prochaine fois !" Cela montre que vous avez de la classe, de la grâce et, surtout, que vous êtes capable de vous raisonner. Là, il pourra envisager le mariage. »

5. « Ne demandez pas à un homme : “Est-ce je parais grosse dans ce jean ?” Il risque de répondre : “Pas trop. Mais tu ne devrais pas manger tous ces gâteaux.” Autrement dit, il vous met mal à l'aise pour que vous fassiez des efforts pour lui plaire. Beaucoup d'hommes pensent que ce genre de remarques mitigées leur permet de manipuler leur partenaire. Si vous avez besoin d'entendre sans cesse des compliments, on en déduit que vous n'êtes pas sûre de vous. »

6. « Pour qu'un homme se sente à l'aise avec une femme, tout dépend de la façon dont elle le traite quand il fait quelque chose de travers. C'est un peu comme avec sa mère. Quand il fait quelque chose de mal, il le sait très bien. Si sa partenaire ne lui en fait pas un pâté, il a davantage de respect pour elle. Et elle lui plaît encore plus. »

7. « Quand un homme est amoureux, il ne sort plus autant avec les copains. Mais il veut encore pouvoir le faire de temps en temps. S'il s'agit d'aller dans un bar à strip-tease, il comprend que ce serait irrespectueux. Mais s'il veut juste aller voir un match de foot, soyez sympa avec lui. Proposez-lui de lui faire un sandwich pour la mi-temps. Ainsi, il se dira qu'être marié avec vous sera très agréable et il n'oubliera pas toutes les petites choses qu'il apprécie chez vous. »

8. « Une femme ne peut pas se mettre dans tous ses états à la moindre contrariété. Son partenaire aura de moins en moins de respect pour elle, surtout si elle le fait devant les enfants. Taper des pieds comme un gosse est la chose la moins séduisante qu'une femme puisse faire. Personne n'a envie de voir sa femme comme ça. »

9. « Il est extrêmement important pour un homme de continuer à aimer et à désirer sa partenaire. Si elle fait toujours des histoires, son désir sexuel s'amoindrit progressivement. En revanche, lorsqu'elle se montre raisonnable, forte et rationnelle, il a envie de lui décrocher la lune. »

10. « Vous devez écouter ce que votre partenaire a à vous dire, ou au moins faire semblant. Quand un homme se sent écouté, ou compris, il a l'espoir d'aboutir à un résultat positif. Il doit pouvoir se dire que vous ne tirerez pas de conclusions hâtives avant d'avoir fini de l'écouter. Même s'il dit n'importe quoi, écoutez-le ! Cela vous donnera davantage de crédibilité lorsque vous direz : “Je ne te crois pas une seconde. Si ça se reproduit, tu as intérêt à trouver une meilleure excuse, parce que tu ne vas pas me faire avaler ça.” »

Maintenant que vous avez lu les témoignages de ces hommes, promettez-vous d'essayer de ne pas sortir de vos gonds. Votre partenaire ne cherche pas vraiment à vous contrarier, mais à attirer votre attention. Pourquoi un bébé assis sur sa chaise haute jette-t-il son hochet par terre ? Pour que maman le ramasse. Alors maman le ramasse et le lui rend. Et qu'est-ce qu'il fait ? Il le jette à nouveau. Pourquoi ? Pour attirer votre attention.

PRINCIPE RELATIONNEL N° 66
Plus vous pouvez vous contrôler,
plus vous avez d'emprise sur votre partenaire.

Une personne qui a du sang-froid peut se lever et quitter la pièce à tout moment. Les hommes le savent. C'est pourquoi la maîtrise de soi est un paramètre important dans leur façon de traiter les femmes. Répétez après moi : « Je refuse de faire les cents pas en vociférant. J'ai décidé d'être de bonne humeur, positive, et de ne pas croire ce que les autres disent de moi. » Ayez confiance en vous et gardez les rênes de votre vie. Non seulement vous plairez aux hommes, mais vous serez appréciée de tout le monde.

Question n° 6 : De quoi les hommes ont-ils secrètement peur ?

1. « Un homme a peur d'être avec la mauvaise femme, en particulier une femme qui le rende malheureux. Il craint qu'elle le harcèle comme le faisait sa mère et qu'elle commence à ressembler à sa grand-mère. Il redoute l'apparition des rides. Il a peur qu'elle ne se transforme en une personne qu'il ne reconnaisse pas et avec qui il n'imagine pas faire l'amour. »

2. « Les hommes ont peur de devoir rivaliser avec un vibromasseur. Votre partenaire veut croire que son instrument fait correctement le boulot et, lorsque vous utilisez un vibromasseur devant lui, si le boulot est mieux fait, il n'a plus de désir car il sait qu'il ne peut pas rivaliser avec ça. »

3. « Les hommes ont peur de montrer leurs faiblesses. Quand je viens de passer une mauvaise journée, je n'ai pas envie de dire ce que je ressens à ma partenaire. Je préfère même éviter de la voir, car je ne veux pas m'en prendre à elle. En tant qu'homme, on a envie d'être fort pour la femme qu'on aime. »

4. « Les hommes ont peur des femmes qui conduisent leur voiture. Ils ont l'impression qu'elles ne savent pas apprécier un matériel de bonne qualité. La voiture d'un homme fait sa fierté et sa joie. Mais ça ne rate jamais. Il arrive toujours qu'une femme ouvre une portière et la cabosse contre un kiosque. Cela dit, s'il aime vraiment sa partenaire, il la laissera conduire sa voiture. Une fois ou deux. C'est un geste symbolique. Cela signifie qu'il lui fait confiance et qu'il tient davantage à elle qu'à sa voiture. »

5. « Les hommes ont peur de perdre leur statut ou de craquer nerveusement et de ne pas pouvoir se reprendre. C'est pour cette raison qu'ils aiment se retrouver entre eux. Après avoir bu quelques bières avec les copains, ils ne pensent plus à leurs problèmes. Ils n'ont pas envie de s'allonger à côté d'un psy ni qu'on leur tende des mouchoirs. »

6. « La plus grande crainte d'un homme, c'est que sa femme le trompe. Les hommes ont très peur de cela, surtout quand il y a des enfants. Toutes sortes de pensées leur traversent l'esprit. Ils se disent que si cela arrivait, ils devraient faire un choix entre leur bien-être et celui de leurs enfants. C'est le genre de chose qui gâche complètement la vie. »

7. « J'ai très peur d'avoir des enfants stupides. C'est pourquoi je ne pourrais pas épouser une femme qui a le regard vide. Aucun homme ne voudrait d'une femme sans vie, qui n'a pas la moindre lueur de vitalité dans les yeux. Vous voyez ce que je veux dire, le genre de femme dont on pense qu'elle est issue d'un mariage consanguin. »

8. « Les hommes veulent que leur femme soit belle, mais redoutent d'être confrontés à la même exigence. Un homme qui aime vraiment sa femme ne supporterait pas d'être scruté de la même façon. Si elle lui disait : "Tu commences à prendre du ventre, tu es moins attirant", il se sentirait en danger et courrait à la salle de sport. »

9. « Les hommes ont peur de se faire mener en bateau ou de voir qu'on profite d'eux. Aucun homme n'a envie de se faire plumer par une fille intéressée. Cela voudrait dire que ce n'est pas pour lui qu'elle est là. C'est comme ça qu'on commence à avoir du ressentiment et à se dire qu'on ne peut pas faire confiance aux femmes. »

10. « Les hommes ont peur du divorce, car, au tribunal, il n'y a que des femmes. Et quand on a des enfants, on n'a aucune chance. »

Le besoin d'être *viril* influence le comportement des hommes. Leurs sentiments ne sont pas différents de ceux des femmes, seul leur style est différent. Même s'ils semblent ne pas avoir d'émotions, ils sont vulnérables eux aussi. Ils ont profondément besoin d'être rassurés sur ce qu'ils font. Mais votre partenaire ne vous avouera jamais ce qui le rend vulnérable. Quand quelque chose ne va pas, il se contente de dire : « Tout va bien, ce n'est pas un problème », même s'il a envie de pleurer.

PRINCIPE RELATIONNEL N° 67

Quand un homme a vraiment des sentiments pour quelqu'un, il se sent vulnérable. Il a besoin d'une armure, et c'est pour cette raison qu'il est distant.

Question n° 7 : Comment une femme peut-elle raviver la flamme, lorsque celle-ci vacille ?

1. « Elle ne doit pas essayer de le faire. »

2. « Quand un homme se laisse aller, sa partenaire doit arrêter de l'appeler. Il doit croire qu'elle ne s'intéresse plus vraiment à lui. Elle doit se faire rare, être moins disponible et arrêter de coucher avec lui. Il faut qu'il se dise : "Au fait, elle aurait dû m'appeler aujourd'hui !" »

3. « Il faut avoir perdu quelque chose pour se rendre compte qu'on y tenait. Prenez vos distances sans donner d'explications. La meilleure chose que vous puissiez faire, c'est de rompre le contact sans préavis et de laisser votre partenaire revenir vers vous les bras chargés de fleurs. »

4. « Quand votre partenaire rentre en titubant à 3 heures du matin, appelez une copine et allez dormir chez elle. Cela fera l'effet d'une bombe. »

5. « Je connais un type qui allait toujours boire un verre après sa journée de travail. Ensuite, il attendait que sa compagne l'appelle et lui demande : "Quand est-ce que tu rentres à la maison ?" Un jour, elle ne lui a pas téléphoné. Alors, il a appelé à la maison et personne n'a décroché. Il a couru chez lui pour aller la chercher. Tout à coup, il a eu envie d'être à la maison. Mais quand il savait qu'elle l'attendait, cela l'ennuyait. »

6. « J'ai connu une fille qui me disait : "Je suis occupée, je te rappelle dans cinq minutes." Et elle ne rappelait pas. À ce moment-là, je me rendais compte que je l'avais délaissée et je redoublais d'efforts. »

7. « Pour raviver la flamme, partez en week-end avec vos copines. Dites à votre partenaire que vous partez en voyage et ne l'appelez pas pendant votre séjour. »

8. « Une femme peut rappeler son partenaire à l'ordre en lui disant : "Écoute, si tu as l'impression de perdre ton temps ici et si tu préférerais être ailleurs, très bien. Je ne te retiens pas." Si elle le rappelle à l'ordre, il en déduit qu'elle a compris ce qui se passait et qu'elle n'accepte pas le manque de respect. Cela l'oblige à rester vigilant. »

9. « Faites des activités de votre côté. N'attendez pas votre partenaire. Occupez-vous ailleurs de sorte qu'il ne sache pas toujours quand il peut vous voir. »

10. « Ne vous comportez pas comme un chien qui attend son maître à la porte. Un chien passe la journée à attendre parce que c'est ce qu'il aime faire. Mais quand une femme fait ça, elle devient inintéressante. Si vous vous intéressez à des tas de choses et si votre partenaire voit que vous êtes indépendante, il aura davantage de respect pour vous. Il n'y a rien de plus attirant qu'une femme qui se passionne pour sa propre vie. Il aura envie de faire partie de votre univers et fera des efforts pour que vous vous intéressiez aussi à lui. »

PRINCIPE RELATIONNEL N° 68

Quand la routine s'installe, trompez l'ennui. Changez vos habitudes pour redonner de l'intérêt à votre relation.

Question n° 8 : Comment une femme peut-elle savoir si un homme l'aime vraiment et envisage une relation à long terme ?

1. « Il pense et fait des choses pour eux deux et pas pour lui tout seul. Il fait des choix de vie importants en fonction d'elle, concernant l'endroit où il vit, la maison qu'il achète, les trajets qu'il fait. Les sorties entre célibataires s'espacent progressivement et il ne sort que de temps en temps pour voir ses copains. Elle devient la personne avec qui il a envie de passer le plus de temps. Quand il a une semaine de vacances, il part avec elle, pas avec son vieux copain de fac. »

2. « Il garde constamment le contact avec elle. Il ne l'appelle pas juste de temps en temps. Il est pleinement disponible pour elle. En revanche, si tout le reste passe avant elle et s'il lui dit : “La sœur du beau-père du demi-frère de mon cousin a besoin que je lui garde ses enfants, alors on ne peut pas se voir tout le week-end”, ce n'est pas de l'amour. S'il tient vraiment à elle, il n'est pas disponible par intermittence. Elle peut le joindre à tout moment et connaît tous les aspects de sa vie. »

3. « Il est vigilant. Il fait attention à elle, car il veut lui faire plaisir. Il se surveille. Elle peut l'appeler à n'importe quel moment de la journée et lui demander n'importe quoi. Elle a l'impression qu'il est prêt à jeter sa veste devant ses pieds pour qu'elle ne marche pas dans une flaque d'eau. Elle n'occupe pas seulement l'espace comme un meuble. Elle occupe toutes ses pensées et il se sent bien avec elle. »

4. « Il ne donne pas d'excuses. Il n'y a pas de degrés dans son amour, du genre : “Je t'aime, mais je ne suis pas amoureux de toi.” Quand un homme est amoureux, même s'il y a des moments difficiles, il a toujours envie d'être avec sa partenaire. Quand on sépare l'amour en différentes catégories, l'amour avec cerise sur le gâteau et l'amour avec crème chantilly uniquement, ce n'est pas de l'amour. »

5. « Si votre partenaire aime vraiment discuter avec vous à la fin de la journée, c'est un signe évident. Quand un homme est amoureux de vous, il vous appelle presque tous les jours de la semaine, pas seulement le week-end. Quand vous allez quelque part en voiture ou quand vous êtes au restaurant, vous avez toujours quelque chose à vous dire. »

6. « Votre partenaire ne vous propose pas de venir le voir en vous disant simplement : “N'hésite pas à t'arrêter quand tu passes.” Il veut vous voir régulièrement. Sinon, vous lui manquez. Il a envie de bâtir quelque chose avec vous, car vous avez une véritable place dans sa vie. »

7. « Votre partenaire est toujours de votre côté, même quand vous avez tort. Il ne laisse pas ses amis vous rabaisser et tient compte de ce que vous pouvez ressentir. Si une de ses collègues l'appelle à minuit, il lui demande de ne pas appeler aussi tard. Vous avez le sentiment de toujours être la priorité dans sa vie. »

8. « Votre partenaire vous fait une place dans sa vie. Il ne s'intéresse pas moins à vous au bout de six mois que lors du premier mois. À un moment donné, il vous laisse

même décrocher son téléphone. Il vous invite à participer à tout ce qu'il fait. »

9. « S'il est vraiment fou de vous, votre partenaire trouve toujours le temps de vous voir. Il fait des choses pour vous, se montre attentionné, fait tout pour vous faire plaisir, vous remonte le moral quand vous en avez besoin et profite de chaque instant avec vous, car vous êtes la personne qui compte le plus pour lui. »

10. « Il vous demandera de l'épouser. »

Et surtout, *il vous respectera en tant que femme.* Quand un homme est amoureux de vous, il ne parle jamais de vous en disant « ma poule », « ma régulière », « ma bonne femme » ou « ma meuf ». Il vous appelle « ma compagne », « ma petite amie », « ma fiancée » ou « ma femme ». Il utilise des termes respectueux, car il vous considère comme la femme de ses rêves.

VII. Le passage à l'acte

Comment se faire passer la bague au doigt

« Quand tous les aspects de votre vie se mettront en ordre, un homme viendra à vous.»

JADA PINKETT

Obtenir une demande en mariage

Dans un monde idéal, Roméo rencontre Juliette. Après un an d'une cour assidue, il loue un Lear Jet, l'emmène dans une île privée, s'agenouille et fait sa demande. Les feux d'artifice illuminent le ciel, les planètes s'alignent, les oiseaux gazouillent, les chiens et les chats gambadent au le soleil couchant et tout le monde est heureux.

Dans la réalité, les demandes en mariage ne se font pas comme dans les films. On a soit une belle bague, soit une belle demande en mariage. Et elles arrivent rarement ensemble (à moins que le futur marié ait un bon scénariste ou passe beaucoup de temps dans le rayon Hallmark). Parfois, ce n'est pas très glamour. Derrière une porte fermée, le type crie : « D'accord, d'accord. On va aller voir les bagues, c'est promis. Le match finit dans deux minutes. On ne pourrait pas en rediscuter plus tard ? »

Les hommes détestent les publicités pour les bijoux. Et pour cause, on leur met la pression : « Pour la Saint-Valentin, montrez-lui que vous l'aimez. Les diamants sont éternels. » Et une femme rayonnante de joie, émue aux larmes, apparaît à l'écran sur une musique ringarde. À la fin, les jeunes mariés courent pieds nus sur la plage en robe blanche et en smoking. « Que votre amour soit éternel comme un diamant. » C'est le mot de la fin. Et la femme regarde sa main gauche avec une petite moue triste, comme une petite fille qui vient de laisser tomber son cornet de glace. Comme dans une bande dessinée, une bulle fait irruption au-dessus de sa tête : « Où est ma bague ? » En même temps, une bulle apparaît au-dessus de la tête de son partenaire : « Quel est le crétin qui a décidé d'interrompre le match avec ces conneries ? »

En général, les femmes ont des difficultés à trouver les mots pour parler du mariage. Ce chapitre va donc vous aider à améliorer vos compétences dans ce domaine. Les informations que vous allez découvrir ont été recueillies auprès d'hommes qui se sont fiancés récemment ou sont déjà mariés. De tout ce qui a été dit, j'ai déduit le grand principe suivant :

PRINCIPE RELATIONNEL N° 69
Vous aurez beaucoup plus de chances de vous marier si vous ne mettez pas la pression à votre partenaire.

En matière de *négociation*, l'approche de la chieuse fonctionne mieux que les démarches classiques de la gentille fille en vue d'obtenir une demande en mariage.

La chieuse ne fait pas la moue. Elle ne fait pas allusion au mariage. Elle ne harcèle pas son partenaire. Le tout pendant un an. Elle sort, prend du bon temps et ne parle pas d'engagement. Pourquoi ? Parce qu'un an plus tard il sera accro. Il la trouve d'agréable compagnie. Elle ne lui met pas la pression et ne lui impose aucune contrainte. Il a fait des efforts pour la conquérir et il a (presque) gagné. La chieuse est donc sereine.

Elle a une approche subtile, pour deux raisons :

Premièrement, elle sait que les hommes ne sont pas stupides. Il ne faut pas être sorti de Saint-Cyr pour comprendre ce que la plupart des femmes attendent d'une relation durable. À moins qu'il ait été élevé par des loups, son partenaire est au courant.

Deuxièmement, elle sait qu'au bout d'un an il est inutile de demander à son partenaire : « Où en sommes-nous ? » S'il ne l'a jamais demandée en mariage, s'il n'a même pas évoqué le sujet ni donné le moindre signe d'engagement, la réponse est claire : il essaie d'avoir le beurre et l'argent du beurre..

Un jeune marié prénommé Lilian m'a confié : « J'ai vécu avec d'autres femmes avant d'épouser la mienne. Et tous les hommes savent qu'au bout d'un an ou deux, maximum, une femme *perd une partie de sa dignité*. Et honnêtement, on a moins de respect pour elle si elle reste parce que, d'une certaine façon, on sait qu'on profite de la situation. On sait qu'on a tous les avantages sans rien donner en retour. Quand une femme veut se marier, si la situation n'avance pas pendant plusieurs années, c'est que son partenaire se sert d'elle. Il en profite jusqu'à ce qu'elle le quitte. Si elle reste avec lui, il se dit : "Parfait, je n'ai pas besoin de l'épouser." Mais ensuite, il se demande : "Pourquoi me laisse-t-elle profiter d'elle ? Il y a quelque chose qui ne va pas chez elle." »

Autrement dit, il n'a plus de respect pour elle. Il pense qu'elle est naïve… ou désespérée. Elle devient moins attirante, parce qu'il sait qu'il profite d'elle et qu'elle ne se défend pas. Finalement, il la pousse à sa perte.

Peu à peu, elle se dévalorise et il se dit : « Pourquoi prendre soin d'elle ? De toute façon, je peux la garder jusqu'à ce que je me lasse d'elle. Ou jusqu'à ce que je trouve mieux. Je vais en profiter jusqu'à ce que j'aie envie de reprendre ma vie de célibataire. » Avec une chieuse, aucun homme ne peut se permettre se genre de comportement.

PRINCIPE RELATIONNEL N° 70

La chieuse ne se compromet pas avec un homme qui la garde uniquement en attendant de trouver mieux.

Cela nous ramène au titre de ce livre : *Pourquoi les hommes épousent les chieuses.* La chieuse a une certaine force de caractère. Même si c'est douloureux et un peu angoissant, elle s'en ira si elle n'obtient pas ce qu'elle veut. Et devinez quoi ? C'est précisément la raison pour laquelle elle obtient ce qu'elle veut. En faisant *subtilement* comprendre à son partenaire qu'elle ne l'attendra pas éternellement, elle jette les bases d'une véritable négociation.

Pour remporter les enchères, il va devoir faire une meilleure offre que les autres.

Ne lancez pas d'ultimatum à votre partenaire. Ayez simplement une conversation avec lui. Dans un premier temps, contentez-vous d'énoncer les faits. Et si sa réaction ne vous plaît pas, ajustez votre discours.

Si cela fait un an que vous êtes ensemble, pour l'inciter à faire sa demande, faites-lui part de votre opinion avec calme :

« Nous sommes ensemble depuis un an.
Je t'aime et je te trouve formidable.
Tout va bien entre nous, mais j'attends davantage d'une relation et nous ne semblons pas avancer. »
(Ensuite, gardez le silence !)

Moins vous en dites après cela, plus vos paroles ont de poids. L'objectif est d'ouvrir la discussion sans mettre la pression à votre partenaire. Gardez un visage impassible. Ne montrez aucune émotion, pour qu'il se sente libre de dire la vérité. Il ne faut pas qu'il vous dise ce qu'il pense que vous avez envie d'entendre – ce que vous voulez entendre, c'est sa véritable opinion. Peut-être vous répondra-t-il qu'il est fou amoureux de vous et qu'il vous prépare une surprise. Ou bien qu'il a envie de partir en week-end avec vous. Ou encore qu'il aimerait que vous l'aidiez à choisir une bague pour vous.

Mais s'il ne vous donne pas la réponse que vous voulez entendre, si vous avez l'impression qu'il veut éviter le sujet à tout prix, commencez à être moins disponible pour lui. Réduisez de 60 à 70 % le temps que vous passez habituellement avec lui. Consacrez-lui une soirée ou deux tous les quinze jours. Partez en week-end avec vos amies (cela l'angoissera, car il aura peur de ce qu'elles pourront vous dire). S'il vous demande si vous voyez quelqu'un d'autre, dites-lui que non, mais restez hors de sa portée. Ne donnez aucune explication. *Il connaît vos raisons.*

PRINCIPE RELATIONNEL N° 71
La chieuse ne fait pas allusion au mariage et ne demande pas : « Où en sommes-nous ? » Elle évoque la possibilité de se désinvestir de la relation.* Elle ne prononce jamais *le mot mariage.

Rassurez-vous, votre partenaire verra rapidement où vous voulez en venir. Au bout de quelques semaines, il engagera une discussion, car il aura remarqué votre changement de comportement. S'il vous demande : « Qu'est-ce qui ne va pas ? », ne vous montrez ni déprimée ni contrariée. Et s'il ne semble toujours pas vouloir aller plus loin avec vous, répondez simplement :

« Nous avons vécu quelque chose de formidable. Je ne regrette pas le temps que nous avons passé ensemble. Je te trouve génial. Mais, apparemment, nous n'avons pas les mêmes priorités et nous devons en tenir compte. Je t'aime et je veux que tu sois heureux. Je veux que toi aussi tu trouves ce que tu cherches. Je pense qu'il est temps pour nous de tourner la page. »

Ayez de la classe et montrez-lui que vous êtes différente des autres. Pas de drame. Pas de larmes. Pas de culpabilisation. Pas de victime ou de martyr. Ne lui donnez pas l'impression que vous vous sentez lésée. Ne poussez pas la conversation plus loin. Vous n'allez pas le supplier.

N'oubliez pas : le silence est d'or. Si vous ajoutez quoi que ce soit, il se dira qu'il peut gagner du temps. De même, si vous vous plaignez ou si vous vous mettez à pleurer, il pensera que vous n'êtes pas sûre de vous et qu'il n'a pas besoin de changer. *Il en déduira qu'il peut vous manipuler facilement et qu'il est inutile de vous prendre au sérieux.*

Contentez-vous de dire clairement ce que vous voulez, et faites preuve de maturité et de force de caractère. « Je ne veux pas t'obliger à faire quelque chose que tu n'es pas prêt à faire. » C'est parce que vous restez calme que votre

partenaire s'inquiète. Il voit que votre décision n'est pas liée à votre état hormonal, mais à ce qu'il vous apporte, à ce qu'il est prêt à faire pour vous. De plus, il constate que vous ne voulez pas vous caser à n'importe quel prix. Vous n'êtes pas désespérée.

Il doit vous donner une raison de rester, sinon il vous perdra.

Récapitulons :

- ✓ vous ne lui lancez pas d'ultimatum ;
- ✓ vous ne lui mettez pas la pression en lui parlant mariage comme si vous vouliez lui mettre la corde au cou ;
- ✓ vous faites preuve de maturité, d'ouverture d'esprit, d'honnêteté et vous ne portez pas de jugement ;
- ✓ vous n'anéantissez pas la relation en disant avec colère que vous avez l'impression qu'il profite de vous et qu'il a tout gâché ;
- ✓ vous lui dites simplement : « Tu es drôle, intelligent et sympa. Je t'aime, mais, avant que nous ne perdions tous les deux notre temps, nous devons mettre les choses à plat. »

Ce qui compte, ce n'est pas tant ce que vous dites que *la façon dont vous vous comportez lorsque vous partez.* Faites preuve d'un calme inattendu dans ce genre de situation. Ainsi, votre partenaire se dira que vous êtes différente des autres. Vous deviendrez irremplaçable. Tout est une question de caractère, tout est une question de classe.

On dit depuis toujours que les femmes représentent le sexe faible. Par conséquent, lorsque vous campez sur votre position, quoi qu'il vous en coûte, vous forcez le respect. Votre partenaire se dit : « Je lui plais. Mais je ne peux pas faire n'importe quoi avec elle. Ce n'est pas gagné. » Si vous prenez vos distances et montrez que vous êtes consciente de ce qui se passe, c'est vous qui êtes gagnante.

La plupart des hommes recherchent une femme féminine qui ne se laisse pas déborder par ses émotions ni par son sentiment d'insécurité. Ils apprécient la sérénité digne de certaines femmes. Celles-ci ont une sorte de magnétisme qui les fait fondre comme du beurre. Elles ne crient pas. Elles ne pleurent pas. Leur assurance tranquille en fait de véritables chieuses.

Lucille et Grégory illustrent parfaitement cette dynamique. Ils étaient ensemble depuis trois ans et tout se passait bien entre eux, mais Grégory n'avait pas envie de se marier.

Alors, Lucille lui a dit : « Si tu ne veux pas m'épouser au bout de trois ans, mieux vaut en rester là. Salut ! » Je me souviens bien du moment où elle m'a raconté cette histoire. Elle avait fait un geste de la main en disant : « Salut ! » Ensuite, elle a rompu tout contact. Trois mois plus tard, Grégory l'a rappelée pour lui demander : « On peut dîner ensemble demain soir, s'il te plaît ? » Elle a refusé. Il a insisté tous les soirs.

Finalement, elle a accepté, non sans une certaine réticence. Au dîner, il l'a demandée en mariage avec une magnifique bague.

Quand un homme essuie un revers, il ne se laisse pas décourager. Au contraire, il redouble d'efforts. Il fait tout pour sortir de la situation la tête haute.

Si, lorsque vous décidez de rompre le contact, votre partenaire vous demande : « Est-ce qu'on peut continuer à se voir de temps en temps ? », répondez : « Oui, bien sûr ! » Et, à chaque fois qu'il vous propose une date, dites que vous n'êtes pas disponible. Consacrez-lui de 60-70 à 97 % de temps en moins. Évitez-le *sans en avoir l'air.* Cela stimulera son imagination. Et la solitude commencera à s'installer. Vous finirez par lui manquer.

Ne lui racontez pas que vous voyez d'autres hommes. C'est inutile. Il est déjà pétrifié à l'idée qu'un autre homme puisse pénétrer sa petite amie. « Un autre homme va lui apporter quelque chose que je ne peux pas lui apporter ? » Dès qu'il vous aura imaginée courtisée et satisfaite (peut-être davantage qu'avec lui) par quelqu'un d'autre, cela suffira à le remettre sur les rails. Il couche avec vous depuis un an et, dans son esprit, vous avez été conçue uniquement pour lui. La pensée qu'il puisse y avoir un autre homme est tout simplement… *impensable* ! C'est pourquoi vous devez prendre vos distances, afin qu'il pense sans cesse à l'*impensable*, au point qu'il n'en dorme plus la nuit. À ce moment-là, il courra tout droit à la bijouterie la plus proche

Tout homme *croit* qu'il tient à sa liberté… jusqu'à ce qu'il la retrouve. Ensuite, l'angoisse de la séparation, associée à la question d'une femme qu'il a rencontrée dans un bar (« Qu'est-ce que t'as comme voiture ? »), lui ouvre les yeux et il se rend compte qu'il a perdu ce à quoi il tenait le plus.

Pour qualifier ce comportement, j'utilise une analogie culinaire : *le principe des cacahuètes*. En tant que compagne régulière, vous représentez un régime équilibré : petit déjeuner, déjeuner et dîner sains. Les autres femmes représentent les cacahuètes. Tant que votre partenaire a trois repas par jour à la maison, il a peut-être envie de manger des cacahuètes et de boire quelques bières avec les copains. Mais si vous vous retirez de l'équation, il faut qu'il se fasse trois repas par jour à base de cacahuètes. Alors, il se rend compte que ce qu'il avait n'était pas si mal. « Qu'est-ce que c'est que ces cacahuètes minables ! »

Souvenez-vous, restez digne ! Ne lui laissez pas entendre que vous allez fréquenter d'autres hommes, car cela va sans dire. De plus, il aurait l'impression d'avoir une épée de Damoclès au-dessus de la tête. « Fais ce que je te dis, sinon… » Pour certains hommes, ce comportement offensif est difficile à accepter. « Si je n'ai pas ce que je veux quand je le veux, je fais tout voler dans la maison. » Cela n'inciterait pas votre partenaire à s'engager sur le long terme, au contraire.

Mathilde et Sébastien sortaient ensemble depuis un an lorsqu'elle lui a lancé un ultimatum. Deux semaines plus tard, il est passé chez elle avec l'intention de la demander en mariage. Lorsqu'il est entré, elle lui a montré tous les e-mails qu'elle avait reçus d'un type avec lequel elle était déjà sortie plusieurs fois. Elle ne savait pas qu'il avait une bague dans la poche. Bien qu'extrêmement déçu, il en a déduit que cela ne valait pas la peine de s'engager dans cette relation.

C'est votre force de caractère et votre volonté d'être fidèle à vos convictions qui séduisent votre partenaire. Si vous avez un comportement indigne, il pensera que vous avez l'intention de le manipuler et de le plumer comme un pigeon. Si, au contraire, vous êtes simplement fidèle à vous-même et si vous vous comportez de façon décente et honnête, il sera ému par votre attitude. Votre relation deviendra véritablement authentique. Si vous lui montrez que vous êtes prête à prendre des risques et à renoncer à votre confort pour obtenir ce que vous voulez vraiment, il verra quel genre de femme vous êtes et ne pourra plus se passer de vous.

Il comprendra que vous êtes la femme de sa vie.

PRINCIPE RELATIONNEL N° 72

Quand vous êtes fidèle à vous-même et que vous restez digne et féminine, vous pouvez obtenir tout ce que vous voulez d'un homme. Soyez respectueuse et vous serez respectée.

Parfois, il ne faut que quelques minutes à un homme pour réagir. Mais d'autres ont besoin de plusieurs semaines ou de plusieurs mois. Si votre partenaire vous aime, il se rangera à votre avis. Sinon, *vous auriez gaspillé cinq ou dix ans de votre vie* et vous en seriez toujours au même point. *Donc, vous n'avez rien à perdre.*

Laissez-lui l'opportunité de vous demander en mariage. Après tout, les hommes ne sont pas conditionnés pour penser au mariage. Votre partenaire ne s'endort pas chaque soir en rêvant d'une gondole à Venise et d'une sérénade au rythme de la mandoline. Cependant, une année a passé et il est attaché à vous. Désormais, vous n'êtes pas facile à remplacer ou à oublier.

Si les femmes tombent amoureuses d'un homme en sa présence, les hommes se rendent compte qu'ils sont amoureux d'une femme en son absence. Parfois, il leur suffit de peu de temps pour en prendre conscience.

Changer l'image que vous avez de vous

Dans son journal, Marilyn Monroe a écrit que, lorsqu'elle marchait dans la rue avec Joe Di Maggio, elle avait l'impression qu'il marchait sur le trottoir tandis qu'elle marchait « dans le caniveau ». C'était incontestablement la plus belle femme du monde – une légende. Mais, malgré sa beauté et son *sex-appeal*, elle avait le sentiment, comme beaucoup de belles filles, qu'elle était tirée vers le bas en raison de son manque d'amour-propre.

Les hommes voient tout de suite si vous êtes heureuse, si vous êtes bien dans votre peau ou non. Michelle et Jacques sont mariés depuis des années. Lorsqu'ils se fréquentaient, elle lui a dit quelque chose qu'il n'a jamais oublié : « Si je me marie, je serai très heureuse. Et si je reste célibataire, j'aurai une vie formidable et je serai heureuse aussi. Alors, ce n'est pas vraiment une priorité. » C'est exactement ce qui fait la différence entre une chieuse et une gentille fille figée dans un sentiment d'insécurité. C'est ce qu'on appelle la *joie de vivre*.

La différence entre Michelle, une femme ordinaire, et la légendaire Marilyn Monroe peut se résumer de la manière suivante :

PRINCIPE RELATIONNEL N° 73

Dans la vie, la moitié du chemin que l'on parcourt est liée à l'image que l'on a de soi, positive ou négative. L'épanouissement de chacun en dépend.

Si vous ne vous sentez pas épanouie sans mari, vous ne vous sentirez pas épanouie avec un mari. Si vous avez une image négative de vous-même, vous vous dites : « Qu'est-ce que j'ai ? Toutes mes amies sont mariées... *Je suis la seule à être célibataire.* »

Être célibataire n'est pas un handicap, de même que le mariage ne garantit pas d'être heureux. Si c'était le cas, il n'y aurait pas autant de divorces.

Votre meilleur atout pour être heureuse, c'est d'avoir une image positive de vous. Profitez de chaque jour. Vivez pleinement. Soyez positive. Aimez-vous ! Et ne vous occupez pas de ce que pensent les autres. Ne laissez personne vous rabaisser. Sinon, lorsque vous serez mariée, vous serez toujours malheureuse et, comme Marilyn Monroe, vous aurez l'impression de marcher dans le caniveau.

Comme le montrent tous les témoignages recueillis dans ce livre, ce qu'un homme désire par-dessus tout, c'est une femme forte, pleine d'entrain, qui sait ce qu'elle veut. Il ne veut pas avoir l'impression d'avoir adopté une orpheline ou de devoir prendre soin d'une enfant qui s'excuse d'être là, n'est pas capable de donner un avis et demande sans cesse à être rassurée sur elle-même. N'espérez pas une *fin heureuse.* Commencez par un bon début. Faites-le dès aujourd'hui, quelle que soit votre situation de famille.

En quoi cela va-t-il vous aider à trouver un mari ? Voici la réponse de Baptiste : « Un homme sait que, lorsqu'une femme n'est pas bien dans sa peau, s'il l'épouse, elle déversera sur lui toute sa désillusion et tout son ressentiment. Si elle n'est pas heureuse, ce sera de sa faute. C'est la raison pour laquelle les hommes sont instinctivement attirés par les femmes qui sont heureuses avec ou sans eux. »

Voilà pourquoi les hommes épousent les chieuses : *un homme ne craint pas de devoir sacrifier sa liberté à une femme quand celle-ci n'a pas besoin de lui pour être heureuse.*

Bien sûr, ce n'est pas ce que l'on apprend aux femmes. Dans *Le Club de la chance*, il y a une scène typique de l'abnégation avec laquelle Rose espère reconquérir son mari, sans comprendre pourquoi elle obtient le résultat inverse : « J'ai essayé d'être aimante. Mais, avec le temps, j'ai vu que Ted s'ennuyait. *Alors j'ai fait encore plus d'efforts.* » Ensuite, Rose et son mari ont une conversation concernant le dîner (c'est assez difficile pour lui, car elle est devenue silencieuse avec tout le monde, y compris elle-même).

ROSE : Chéri, tu préfères manger à la maison ou aller au restaurant ce soir ?

TED : Tu n'as qu'à décider.

ROSE : Si nous mangeons à la maison, il y a des côtes d'agneau. Mais je peux téléphoner au restaurant. Je ne voulais pas t'interrompre dans ton travail.

TED : Tu ne m'interromps pas. Je suis sincère. Je veux savoir de quoi *tu* as envie.

ROSE : Tu as eu une dure journée et moi je m'en fiche. Je veux simplement te faire plaisir… Chéri, qu'est-ce qu'il y a ?

TED : C'est juste que pour une fois j'aimerais savoir ce que *tu* veux. J'aimerais entendre ton opinion, même si nous ne sommes pas d'accord. Avant, tu n'étais pas comme ça. Tu avais un avis.

Rose a peur de s'imposer. Elle se considère comme une entrave, comme si elle était inférieure à son mari. C'est sa façon de se voir. Plus tard, lorsqu'elle change son regard sur elle-même, elle acquiert de l'assurance et son mari a de nouveau du respect pour elle.

Dans une interview, Meg Ryan a déclaré : « Dans la vie, je m'excuse toujours de ce que je ressens ou de ce dont j'ai besoin. Je ne veux plus vivre comme ça. » Et je vous suggère de ne pas le faire non plus.

PRINCIPE RELATIONNEL N° 74

Les hommes sont rarement flattés de voir une femme se mettre en quatre pour eux. Votre partenaire veut se sentir unique et, si vous êtes* trop gentille, *il a l'impression d'être ordinaire, car il pense que vous feriez la même chose pour n'importe quel homme.

La plupart des *gentilles filles* ont reçu de mauvais conseils et se disent :

- « Si je lui montre que je l'aime à chaque heure du jour et de la nuit, il m'aimera davantage. »
- « Si je fais des efforts pour que l'on s'entende bien, il pensera que nous sommes faits l'un pour l'autre. »
- « Si je me sacrifie, notre relation s'améliorera. »
- « Si je suis toujours d'accord avec lui, il accordera davantage d'importance à mon opinion. »
- « Si je me fais belle, il me respectera davantage. »
- « Si je fais deux fois plus d'efforts, il sera deux fois plus reconnaissant. »

C'est la meilleure façon de décourager un homme. Votre partenaire aura de moins en moins de respect pour vous et sera peu enclin à s'engager s'il se trouve dans l'un des cas suivants :

- il a toujours le dernier mot ;
- il est *le pilier* de votre relation ;
- vous ne voyez jamais le mal en lui ;
- vous occupez un *rang inférieur* dans la relation.

Vous ne prouverez pas à un homme que vous êtes la meilleure chose qui puisse lui arriver en vous inclinant devant lui ou en vous compromettant. De même, vous ne prouverez pas votre valeur en lui passant la brosse à reluire, parce qu'*il n'aura pas de respect pour vous.* Au fond d'eux, les hommes ne sont pas satisfaits par une relation dans laquelle ils ont l'impression d'être idolâtrés par un subalterne.

PRINCIPE RELATIONNEL N° 75

Un homme n'épouse pas une femme qui le met sur un piédestal. Il épouse une femme avec laquelle il se sent sur un pied d'égalité… celle qui pourra partager tous les moments de sa vie.

Votre partenaire veut être votre héros. Il a besoin de se sentir valorisé. Il veut être admiré et jouer un rôle de *protecteur* dans votre relation. *Mais il attend tout cela de la part d'une femme qui ait du respect pour elle-même, du caractère et, d'abord et avant tout, de l'amour-propre.*

Alors, ayez une bonne image de vous. Ne soyez pas dure avec vous-même et méfiez-vous de ceux qui décident à votre place de ce que vous êtes. S'ils parviennent à vous persuader que vous êtes laide, alors que vous êtes belle, que vous êtes stupide, alors que vous êtes intelligente, que vous êtes bonne à rien, alors que vous êtes efficace, alors, ils peuvent aussi vous faire croire que vous ne valez pas grand chose, alors que vous êtes la perle rare. Ne croyez pas ce que les autres disent de vous. Suivez votre instinct et vos propres opinions, même s'ils ont une image négative de vous. Sinon, vous deviendrez inaccessible, effacée et vous n'aurez plus aucune ambition. Vous serez transparente, y compris pour vous-même. Et vous perdrez le bien le plus précieux que vous puissiez apporter dans un mariage : *vous.*

Avant de terminer ce chapitre, j'aimerais que nous fassions ensemble une dernière chose : réécrire le conte de fée. Oublions Cendrillon, la Belle au bois dormant, Dorothée, Toto et le magicien d'Oz et essayons de relooker un peu notre conte de fée.

Cela pourrait donner quelque chose comme ça…

Il était une fois une princesse. Un prince s'approcha et lui demanda si elle voulait monter sur son cheval blanc. Elle lui répondit : « J'aimerais bien faire un tour sur ton cheval, mais je ne peux pas pour le moment, car il faut que j'aille chercher *le mien*. Va te promener au soleil couchant sans moi, je te rattraperai plus tard. » Le prince n'en revint pas. Il n'avait jamais rien entendu de tel. Quelque chose fit tilt en lui et il en eut des frissons : elle n'avait pas besoin de lui. Alors, il se dit : « Je *veux* passer le reste de mes jours avec cette femme. »

Et ils s'aimèrent, se marièrent
et se promenèrent au soleil couchant.
Depuis, elle le torture…
avec amour, pour toujours.

(*Fin*)

Les 75 grands principes relationnels

CHAMBRE

PRINCIPE RELATIONNEL N° 1

En amour, rien n'est plus séduisant pour un homme qu'une femme digne et fière de ce qu'elle est.

PRINCIPE RELATIONNEL N° 2

Les hommes épousent les femmes qui ne s'aplatissent pas comme une carpette.

PRINCIPE RELATIONNEL N° 3

Les hommes n'épousent pas les femmes parfaites. Ils épousent les femmes qu'ils trouvent **intéressantes.**

PRINCIPE RELATIONNEL N° 4

Lorsqu'une femme en fait trop, son partenaire la teste pour voir jusqu'où elle va aller. Il lui lance des défis pour voir tout ce qu'elle est prête à faire pour lui.

PRINCIPE RELATIONNEL N° 5

Ne croyez pas tout ce qu'on raconte sur vous.

PRINCIPE RELATIONNEL N° 6

Les hommes regardent la façon dont vous êtes habillée et en tirent des conclusions sur votre potentiel dans une relation.

PRINCIPE RELATIONNEL N° 7

En général, lorsqu'un homme vous voit dans des vêtementstrès suggestifs, il en déduit que vous n'avez rien d'autre pour vous.

PRINCIPE RELATIONNEL N° 8

Lorsque votre partenaire vous voit en tenue légère, cela ne lui rappelle pas à quel point vous êtes belle nue. Il pense immédiatement à tous les autres hommes avec qui vous avez couché.

PRINCIPE RELATIONNEL N° 9

Tous les hommes savent qu'ils peuvent trouver une fille qui se contente de les satisfaire. Ils sont davantage séduits par une femme qui se soucie aussi de son propre plaisir.

PRINCIPE RELATIONNEL N° 10

Le respect de la personne passe par le respect de ses opinions. Si votre partenaire ne respecte pas vos opinions, il ne vous respectera pas.

PRINCIPE RELATIONNEL N° 11

Mieux vaut ne pas être aimée pour ce que vous êtes qu'être aimée pour ce que vous n'êtes pas.

PRINCIPE RELATIONNEL N° 12

Les hommes aiment être étonnés. Ils aiment avoir l'impression qu'il y a quelque chose d'autre que ce qu'ils savent déjà.

PRINCIPE RELATIONNEL N° 13

Pour un homme, le défi intellectuel ne consiste pas à coucher avec vous, mais à attirer et à retenir votre attention.

PRINCIPE RELATIONNEL N° 14

Dès l'instant où vous demandez :
« Qu'est-ce que je suis pour toi ? »,
vous perdez tout pouvoir, car vous autorisez votre partenaire à dicter les termes de votre relation.

PRINCIPE RELATIONNEL N° 15

Quand un homme monte sa garde,
il ne peut pas tomber amoureux ni s'attacher.
Pour qu'il s'attache, vous devez d'abord
lui faire baisser sa garde.

PRINCIPE RELATIONNEL N° 16

Quand une femme précipite les choses, son partenaire en déduit qu'elle aime l'idée d'avoir une relation. Mais s'il parvient à la conquérir progressivement, il se dit qu'elle est amoureuse de ce qu'il est.

PRINCIPE RELATIONNEL N° 17

Ne prononcez pas le mot engagement. C'est là toute l'astuce. Moins vous en parlez, plus vous avez de chances de l'obtenir.

PRINCIPE RELATIONNEL N° 18

S'il n'a aucune garantie, il s'attache, craint de vous perdreà tout instant et commence à envisager une relation sérieuse.

PRINCIPE RELATIONNEL N° 19

Il n'y a rien de plus valorisant pour un homme que d'obtenir quelque chose qui lui a demandé de la patience, du travail et des efforts.

PRINCIPE RELATIONNEL N° 20

Les hommes hésitent toujours à prendre ce qu'on leur sert sur un plateau.

PRINCIPE RELATIONNEL N° 21

Ne soyez ni directe, ni prévisible, ni disponible. Ne montrez pas que vous avez déjà jeté votre dévolu sur votre partenaire.

PRINCIPE RELATIONNEL N° 22

Essayez de connaître ses habitudes sans rien dévoiler des vôtres.

PRINCIPE RELATIONNEL N° 23

Les hommes adorent avoir l'impression de vous voler du temps que vous auriez pu consacrer à autre chose.

PRINCIPE RELATIONNEL N° 24

Lorsqu'une femme montre à un homme qu'elle a confiance en lui, celui-ci se sent fort et apprécié. Cela lui donne envie d'être à la hauteur et de faire le maximum pour elle.

PRINCIPE RELATIONNEL N° 25

Les hommes aiment les règles et les directives. S'il y a quelque chose que vous n'aimez pas, ils apprécient que vous le disiez. Ils veulent savoir ce qu'ils doivent faire et ne pas faire.

PRINCIPE RELATIONNEL N° 26

Les hommes aiment savoir qu'une partie de vous reste inaccessible.

PRINCIPE RELATIONNEL N° 27

Si vous êtes sur votre trente et un lorsque vous rentrez à la maison, votre partenaire en tire des conclusions sur la façon dont vous avez passé votre soirée et commence à se poser des questions.

PRINCIPE RELATIONNEL N° 28

La formule magique consiste à donner un peu… et à reprendre. Donner un peu… et reprendre.

PRINCIPE RELATIONNEL N° 29

On dit toujours aux femmes que le sexe est le meilleur moyen de conquérir un homme. C'est faux. Ce n'est pas parce qu'un homme couche avec vous qu'il s'intéresse à vous – même si vous êtes un bon coup.

PRINCIPE RELATIONNEL N° 30

Pour distinguer les bons des mauvais plans, évaluez l'attitude de votre partenaire par rapport au sexe. Si vous lui plaisez vraiment, il se réjouira d'être simplement en votre compagnie.

PRINCIPE RELATIONNEL N° 31

Patienter ne sert pas uniquement à montrer quel genre de femme vous êtes, mais aussi à vous donner le temps d'observer votre partenaire…

PRINCIPE RELATIONNEL N° 32

Ce que votre partenaire vous dit au début n'a pas grand-chose à voir avec la façon dont il vous traitera. Pour coucher avec vous, il vous promettra des choses dont vous n'avez jamais entendu parler.

PRINCIPE RELATIONNEL N° 33

Si vous vous montrez très satisfaite après l'amour, mais que vous continuez à mener votre vie normalement, votre partenaire aura un autre regard sur vous. Il aura envie de s'investir dans votre relation.

PRINCIPE RELATIONNEL N° 34

Après l'amour, continuez à faire comme si vous veniez de vous rencontrer.

PRINCIPE RELATIONNEL N° 35

Les hommes sont intrigués par tout ce qu'ils ne contrôlent pas.

PRINCIPE RELATIONNEL N° 36

Lorsque vous préservez votre vie privée, votre partenaire se demande où vous êtes et cela stimule son imagination. Dès qu'il ne peut plus vous joindre, il envoie un message à toutes les patrouilles pour vous retrouver.

PRINCIPE RELATIONNEL N° 37

Pour un homme, une relation sans sexe est une relation sans amour, sans affection, sans connexion émotionnelle.

PRINCIPE RELATIONNEL N° 38

Préservez toujours une part de mystère. Plus ils sont sporadiques et imprévisibles, plus les rapports sont intenses.

PRINCIPE RELATIONNEL N° 39

Quand vous réagissez en montrant vos émotions, votre partenaire gagne sur trois fronts : attention, contrôle et sentiment d'importance.

PRINCIPE RELATIONNEL N° 40

Si vous vous laissez manipuler facilement, votre partenaire pensera qu'il n'a pas besoin de s'engager pour vous garder.

PRINCIPE RELATIONNEL N° 41

Le meilleur moyen de fixer des limites à un homme qui vous teste consiste à le priver d'attention. Une réaction émotionnelle est toujours une récompense, même si elle est négative.

PRINCIPE RELATIONNEL N° 42

Les hommes croient ce qu'ils voient.

PRINCIPE RELATIONNEL N° 43

Quand un homme essaie de vous rendre jalouse, cela ne veut pas dire qu'il a envie d'aller voir ailleurs. Si vous êtes contrariée, cela le rassure sur vos sentiments pour lui.

PRINCIPE RELATIONNEL N° 44

Si vous faites à votre partenaire la même chose que ce qu'il vous fait, il changera immédiatement de comportement.

PRINCIPE RELATIONNEL N° 45

Quand votre partenaire ne vous appelle pas, vous vous faites un tas de scénarios. De même, s'il n'a pas de nouvelles de vous, son imagination tourne à toute vitesse.

PRINCIPE RELATIONNEL N° 46

Plus vous êtes sereine, plus votre partenaire est déstabilisé.

PRINCIPE RELATIONNEL N° 47

Les hommes trouvent les réactions émotionnelles inappropriées lorsqu'il s'agit de discuter de quelque chose d'important. Parlez calmement et votre partenaire comprendra que c'est important.

PRINCIPE RELATIONNEL N° 48

De nombreux hommes pensent que les femmes sont émotives et qu'ils pourront profiter de leurs points faibles lorsqu'ils les auront identifiés. Quand votre partenaire voit que vous ne l'êtes pas, il est déconcerté et devient la personne la plus vulnérable du couple.

PRINCIPE RELATIONNEL N° 49

Votre partenaire vous teste pour voir si vous croyez en vous. Il veut savoir si vous êtes capable de vous contrôler. Si vous ne vous laissez pas démonter, il en déduit qu'on ne peut pas vous manipuler.

PRINCIPE RELATIONNEL N° 50

Pour encourager les bons comportements, dites à votre partenaire ce que vous attendez de lui et montrez-lui comment faire. Donnez-lui les moyens d'être votre héros.

PRINCIPE RELATIONNEL N° 51

Lors des premiers rendez-vous, votre partenaire reste sur ses gardes et essaie de savoir si vous l'aimez pour ce qu'il est ou pour ce qu'il peut vous apporter.

PRINCIPE RELATIONNEL N° 52

Quand un homme voit que vous êtes capable de réaliser vos rêves par vos propres moyens, il n'a pas peur de s'engager, car il n'a pas à s'inquiéter de ce dont vous allez le dépouiller.

PRINCIPE RELATIONNEL N° 53

Les hommes ne portent pas de jugement sur l'argent que vous avez.
Ils s'intéressent à votre façon de gérer votre budget.

PRINCIPE RELATIONNEL N° 54

Les hommes admirent les femmes qui s'en sortent seules et redoutent celles qui gravissent l'échelle sociale à leurs dépens.

PRINCIPE RELATIONNEL N° 55

Un homme n'a pas envie d'épouser une pauvre petite fille dont il devra prendre soin.

PRINCIPE RELATIONNEL N° 56

Pour un homme, le respect et la confiance sont des notions interchangeables. Si votre partenaire ne vous respecte pas, il ne vous fait pas confiance et vous garde toujours à distance.

PRINCIPE RELATIONNEL N° 57

Lorsque votre partenaire fait quelque chose pour vous, remerciez-le toujours pour le geste et non pour ce qu'il a fait concrètement. De même que les femmes adorent les compliments, les hommes sont avides de reconnaissance.

PRINCIPE RELATIONNEL N° 58

La reconnaissance est le mot préféré des hommes. Votre partenaire veut avant tout se sentir apprécié et valorisé. Si vous êtes reconnaissante, il fera tout pour vous décrocher la lune.

PRINCIPE RELATIONNEL N° 59

Un homme ne regarde pas à la dépense quand il se dit que vous êtes peut-être la femme de sa vie. Au début, il paye volontiers l'addition.

PRINCIPE RELATIONNEL N° 60

Un homme à l'aise financièrement qui fait preuve d'avarice n'a rien à offrir. Il ne veut pas partager son temps avec quelqu'un, ni même un tiroir et encore moins une maison et sa vie entière.

PRINCIPE RELATIONNEL N° 61

En général, quand vous emménagez chez quelqu'un, non seulement vous renoncez à votre espace personnel, mais vous perdez votre sentiment d'indépendance.

PRINCIPE RELATIONNEL N° 62

Si le mariage compte beaucoup pour vous et si vous vous apprêtez à fixer une date, ne déménagez pas avant d'avoir la bague et la date.

PRINCIPE RELATIONNEL N° 63

Ce qui plaît le plus à un homme, c'est le genre de femme sur qui il peut vraiment compter, qui sera vraiment là pour lui.

PRINCIPE RELATIONNEL N° 64

Fixez vos limites et vos délais et laissez tomber si le délai est écoulé. Mais en attendant, n'en touchez pas un mot à votre partenaire. Ouvrez les yeux et évaluez la façon dont il gère sa part de la relation. De cette façon, vous aurez un aperçu de la réalité beaucoup plus rapidement.

PRINCIPE RELATIONNEL N° 65

Un homme qui pense vraiment que vous pourriez être la femme de sa vie ne parle pas de mariage. Il est beaucoup plus réservé et se confie progressivement au fil des mois, car il ne veut pas vous effrayer.

PRINCIPE RELATIONNEL N° 66

Plus vous pouvez vous contrôler, plus vous avez d'emprise sur votre partenaire.

PRINCIPE RELATIONNEL N° 67

Quand un homme a vraiment des sentiments pour quelqu'un, il se sent vulnérable. Il a besoin d'une armure, et c'est pour cette raison qu'il est distant.

PRINCIPE RELATIONNEL N° 68

Quand la routine s'installe, trompez l'ennui. Changez vos habitudes pour redonner de l'intérêt à votre relation.

PRINCIPE RELATIONNEL N° 69

Vous aurez beaucoup plus de chances de vous marier si vous ne mettez pas la pression à votre partenaire.

PRINCIPE RELATIONNEL N° 70

La chieuse ne se compromet pas avec un homme qui la garde uniquement en attendant de trouver mieux.

PRINCIPE RELATIONNEL N° 71

La chieuse ne fait pas allusion au mariage et ne demande pas : « Où en sommes-nous ? » Elle évoque la possibilité de se désinvestir de la relation. Elle ne prononce jamais le mot mariage.

PRINCIPE RELATIONNEL N° 72

Quand vous êtes fidèle à vous-même et que vous restez digne et féminine, vous pouvez obtenir tout ce que vous voulez d'un homme. Soyez respectueuse et vous serez respectée.

PRINCIPE RELATIONNEL N° 73

Dans la vie, la moitié du chemin que l'on parcourt est liée à l'image que l'on a de soi, positive ou négative. L'épanouissement de chacun en dépend.

PRINCIPE RELATIONNEL N° 74

Les hommes sont rarement flattés de voir une femme se mettre en quatre pour eux. Votre partenaire veut se sentir unique et, si vous êtes trop gentille, il a l'impression d'être ordinaire, car il pense que vous feriez la même chose pour n'importe quel homme.

PRINCIPE RELATIONNEL N° 75

Un homme n'épouse pas une femme qui le met sur un piédestal. Il épouse une femme avec laquelle il se sent sur un pied d'égalité… celle qui pourra partager tous les moments de sa vie.

DICO
HOMME-
FEMME
?

Dans la même collection

- Pourquoi les hommes adorent les chieuses
par Sherry Argov

- Pourquoi les hommes regardent à gauche et les femmes tournent à droite
par Sabra E. Brock et Jospeh F. Dooley

- Tout ce qu'on ne vous a jamais dit sur le Sexe et l'Amour
par Pepper Schwartz

- Comment marcher sur des talons aiguilles
par Camilla Morton

www.city-editions.com